KB215346

예수는 그렇게 말하지 않았다

WHAT JESUS MEANT
by Garry Wills

Garry Wills 게리 윌스 기독교 3부작 ①

예수는
그렇게 말하지 않았다

게리 윌스 | 권혁 옮김

WHAT JESUS MEANT

돋을새김

신약성서에 사용된 저잣거리의 그리스어 ─공용(*koinē*) 그리스어
─ 는 전혀 우아하지 않다. 알렉산더 대왕이 서로 다른 언어를 사용
하는 여러 민족의 방대한 영토를 정복했을 때, 정복당한 자들이 마케
도니아의 장군들이나 제국의 다른 지역들과 의사소통을 할 수 있었
던 유일한 방법은 정복자가 사용하던 그리스어를 어눌하게나마 사용
하는 것이었다. 로마가 그리스 제국의 군대를 물려받았을 때, 그들은
자신들의 언어인 라틴어가 아닌 그 지역의 언어를 사용해야만 했다.
키케로는 로마제국에 대해, "라틴어가 자기만의 협소한 영토에 갇혀
있는 동안, 그리스어는 실질적으로 모든 국가에서 사용되고 있었다."
(아르키아스를 위한 변론 23)고 했다.

　대부분의 혼합 언어가 그렇듯 '코이네(*koinē*)'는 섬세함이 부족한
경우가 많다. 기초적인 의미 파악을 위한 단어들이 접속사도 없이 길
게 나열되어 있다. 대부분의 복음서들은 빌라도 같은 로마인이나 예

수와 같은 아람어 설교자들과 그의 제자들이 함께 사용했던 이 기초적인 언어로 씌어졌다. 그래서 문장들은 때때로 그 의미가 모호하다.

예수는 자신의 어머니에게 "여자여, 그것이 나와 당신에게 무슨 상관이 있습니까(What to me and to you, woman)?"(요한 2:4)라고 말한다. 빌라도의 아내는 "당신은 그 옳은 사람에게 아무 관여도 하지 마세요(Nothing to you and to that just man)."(마태 27:19)라고 말한다. "율법과 예언자는 요한의 때까지다(The law and prophets up to John)."(누가 16:16) "내가 내 아버지의 (집에) 있어야 할 줄을 알지 못하셨습니까(I must be at my father's)?"(누가 2:49)

문장만으로 파악한다면 그가 아버지의 무엇에 있어야 한다는 말인지 명확하지 않다. 주석자들은 논쟁을 벌였다. 고대 그리스어의 미묘한 문법에 따라 작성된 명확한 문서들이 코이네에서는 혼란스럽게 변형되었다. 주기도문은 '하늘에 계신 우리 아버지'라는 인사말로 시작하지만, 곧이어 '하늘과 땅에 계신'이라는 표현도 나타난다. 시제도 그때그때 오락가락한다.

이처럼 간단한 언어의 의미가 모호해지는 것은, 그 언어가 담고 있는 숭고한 의미 때문이라기보다는 단순히 언어의 투박함 때문인 경우가 더 많다. 전적으로 무시하지 않는다면 문법은 혼란스러워질 수도 있다. 특히 계시록은 비문법적으로 작성되어 있다. 박식한 고전주의자였던 니체는 '만약 하나님이 신약성서를 작성했다면, (하나님은) 분명 깜짝 놀랄 만큼 그리스어에 대해 아는 것이 거의 없었을 것'이라고 했다.

히브리서에 사용된 것 외에는, 복잡한 문장구조를 지닌 그리스어 문서들 중에서 그 뜻이 명확한 것을 찾아보기 힘들다. (아무 연관 없는) 독립적인 구절들이 지루할 정도로 'kai(그리고)'를 사용해 단순하게 연결되며 이어지는 것을 쉽게 찾아볼 수 있다. 대화체에서도 세련된 변형을 찾아볼 수 없다. 그저 "그리고 ~가 말하기를… 그리고 말하기를… 그리고 ~가 말하기를"이라는 식으로 되어 있을 뿐이다.

사용되는 단어들도 대부분 평범하다. 아기 예수는 건초구유(phatnē)에 눕혀져 있었다. 하지만 번역자들은 일반인들이 복음서에서 '성서다운 영어'를 기대하고 있다는 것을 잘 알고 있었다. 그들은 건초구유를 그대로 번역하기보다 외국 단어(*manger*, 음식을 의미하는 불어)를 사용하여 보다 더 위엄을 갖추도록 했다.

예수가 빌라도의 물음에 대답할 때, 비록 "당신이 그렇게 말했다 (So you say),"가 그리스어를 보다 더 정확하게 옮겨놓은 것이었지만, 그들은 보다 더 우아한 형태의 대답을 찾아내기 위해 노력했다. 번역자들은 복음주의자들에게 걸맞는 언어 예법을 가르쳐 더욱 더 교회다움을 부여하기 위해 노력했다. 예수가 자신의 어머니에게 "여자여, 그것이 나와 당신에게 무슨 상관이 있습니까(What to me and to you, woman)?"라고 말해서는 안 되는 것이었다. 거의 대부분의 영어 번역들은 신약성서의 '결점들'을 감추기 위해 노력했다. 그들은 문법을 보강하고, 시제를 보다 일정하게 맞추었으며 반복어구를 잘라냈다.

만약 번역자들이 원본을 자의적으로 다듬어 멋을 부렸다면, 어떤 면에서 그들은 비열한 짓을 한 것이 된다. 예를 들어, 그들은 '기름

부음 받은 자'라는 의미의 크리스토스(*Christos*)를 제대로 번역하는 대신 단순히 음역을 해놓았다. 하지만 '기름 부음 받은 자'는 칭호이지 적절한 이름이 아니다. 더욱 중요한 사실은 이것이 메시아의 칭호라는 것이다.

요즈음 학자들은 신약성서 중 가장 먼저 씌어졌으며 많은 서술양식들이 정립되어 있는 바울 서신에서 사용된 그 단어는 '메시아'로 번역되어야만 한다고 강조하고 있다. 바울이 '그리스도 예수'라고 했다면 그것은 분명히 '메시아 예수'로 번역되어야만 한다. 그가 '예수 그리스도'라고 했다면 그것은 '예수 메시아'인 것이다.

번역의 문제에는 통례적으로 과거의 번역본에 의해 형성된 기대치에 따라 'thous(you에 해당하는 고어)'와 'thees(thou의 목적격, 때로 주어로 쓰이기도 한다)'를 사용하여 공손한 고어체 표현으로 돌아가려는 보수주의가 개입되어 있다. 그런 이유로 새로운 번역본이 나올 때마다 언제나 품위 없다는 말을 듣게 되는 것이다.

그러나 '진짜' 성서에서 많이 벗어나 있는 것이 바로 '킹 제임스' 번역본이다. 하긴, 만약 새로운 번역이 원전의 효과를 그대로 재현하려 한다면 품위가 없어야 한다. 복음서의 언어에 설득력이 부족하다는 의미는 아니다. 하지만 복음서 속의 언어는 언어학적 세속성이 강렬하게 드러나는, 거칠게 다듬어진 위엄威嚴이다. 나는 나의 번역 속에서 그러한 강렬함을 일정 정도 포착하기 위해 노력했다. 그러한 부분들은, 하층민 남자로서 노동자 출신인 자신의 제자들과 일상의 언어로 이야기를 나누는, 내가 예수에 대해 갖고 있는 이미지와 잘 어울린다.

히브리어 성서에 대해서는 내 자신이 무어라 말할 만한 권한이 없으므로, 전혀 다른 차원의 문제이다. 히브리어 성서를 이 책에 인용할 때는 《뉴 잉글리시 바이블》을 참조했음을 밝힌다.

차례 ▌ C o n t e n t s

예수는
그렇게 말하지 않았다

What JESUS Meant

예수는 기독교인이 아니다

'WWJD'라는 문자를 마치 비밀번호나 특별한 구호처럼 사용하는 종교 단체들이 있다. 이 비밀스러운 금언을 새겨 넣은 팔찌나 티셔츠를 판매하는 웹사이트들도 있다. 이 슬로건이 중요한 결정들을 내리는 데에 많은 도움이 되었다는 정치인들도 있다.

WWJD는 "예수라면 어떻게 했을까(What Would Jesus Do)?"를 의미한다. 우리들은 예수와 똑같이 행동하는 것이 진정한 기독교인의 목표라고 굳게 믿고 있다.

하지만 과연 우리들이 예수가 했던 그대로 따라 하겠다는 열망을 품을 수나 있는 것일까? 우리들은 과연, 아무 말도 하지 않고 번화한 도시에서 슬그머니 부모 곁에서 사라져, 부모가 그런 사실도 모르는 채 길을 떠나도록 만든 열두 살짜리 소년을 칭찬해줄 수 있을까? 그 어떤 부모일지라도 예수의 부모가 보였던 것과 같은 반응을 보일 것이다. "얘야, 이게 무슨 일이냐? 네 아버지와 내가 너를 찾느라 얼마나 애를 태웠는지 모른다."(누가 2:48)

혹은 어머니와 형제들이 자신을 만나기 위해 찾아왔을 때, 자신에게는 어머니와 형제가 없으며 오직 제자들만이 있을 뿐이라고 말할 수 있을까?(마가 3:33~35)

또한 우리도 물을 포도주로 만들려고 시도해볼 수는 있겠지만, 과연 그렇게 하기 위해 정결 예법에 사용하려고 준비해둔 여섯 개의 커다란 물항아리를 잔치에 모인 모든 사람들이 먹고도 남을 수백 갤런의 와인으로 채울 수 있을까?(요한 2:6) 만약 우리들이 귀신을 쫓아낼 능력이 있다면, 그 귀신들을 돼지떼 속으로 보내 2천 마리나 되는 그 짐승들을 죽여버릴 수 있을까?(마가 5:13) 사유재산을 무척이나 소중히 여기는 기독교인들이 있는데, 이러한 행위는 남의 재산과 살림을 무자비하게 침해하는 일이기도 하다.

또한 가족의 가치를 특별히 강조하는 기독교인들도 있는데, 그들이 과연 예수처럼 자기 아버지의 장례식에도 참석하지 말라고 한다거나(마태 8:22) 사람들에게 부모를 미워하라고 말할 수 있을까?(마태 8:22, 누가 14:26) 혹은 자신들이 일궈낸 성공에 대해 자부심을 품고 있는 교외의 부자 교회를 찾아 들어가 헌금 접시를 들고 있는 사람을 채찍으로 내리치며, "내 아버지의 집을 장사하는 집으로 만들지 말아라"(요한 2:16)라고 하거나, "강도들의 소굴"(마가 11:17)이라고 고함칠 수 있을까?

또한 국민들로부터 존경받는 종교지도자들을 향해, "너희는 회칠한 무덤과 같아서 겉으로는 아름답게 보이지만, 그 안에는 죽은 사람의 뼈와 온갖 더러운 것이 가득하다"(마태 23:27)라고 외치는 것이 과연 현명한 일일까? 그리고 "내가 세상에 평화를 주려고 온 줄로 생각하지 말아라. 평화가 아니라 칼을 주려고 왔다"(마태 10:34)라고 하거나 "나는 세상에다가 불을 지르러 왔다"(누가 12:49)라고 한다면, 그럴 수도 있다고 받아들일 수는 있을까?

사람들이 과연 예수가 했던 다음과 같은 말들을 그대로 따라 할 수 있을까?

"하늘과 땅은 없어질지라도, 내 말은 절대로 없어지지 않을 것이다."(누가 21:33) "나는 부활이다."(요한 11:25) 혹은 "내가 진리이다."(요한 14:6) 혹은 "나는 목숨을 버릴 권세도 있고, 다시 얻을 권세도 있다."(요한 10:18) 예수처럼 행동하길 원하는 사람들 중에서 "나는 세상의 빛이다."(요한 8:12) 혹은 "내가 곧 (아버지께로 가는) 길이다"(요한 4:6)라고 선언할 수 있는 사람은 아무도 없을 것이다.

이러한 것들은 성서 속의 예수가 보여준 행적들 중 몇 가지 사례일 뿐이다. 이러한 행적들은 그가 우리와 같지 않으며, 우리보다 더 많은 권한과 권능을 지녔으며, 〈욥기〉에 등장하는 하나님만큼이나 독단적인 권위를 가지고 있음을 보여준다. 그는 사람들 사이를 걸어갔던 신성한 불가사의인 것이다.

우리들이 그를 직접적으로 모방할 수 있는 단 한 가지 방법은 우리들 자신이 신인 것처럼 행동하는 것이다. 하지만 그러한 행동은 바로, 그가 엄격히 금지했던 일이기도 하다. 그는 우리들에게 맨 앞에 나서는 대신 맨 뒤에 머물고, 가장 뛰어난 자가 아닌 가장 겸손한 자로 행동하라고 일렀다. 그리고 그것은 인류의 상식과 정확히 맞아떨어진다. 기독교인들은 절대 '예수와 같아'질 수 없다.

체스터턴[1]은 "위대한 사람은 그 자신이 신이 아님을 알고 있으며, 더욱더 위대해질수록 그것을 더욱더 확실히 안다"고 했다. 우리들이 인식하고 있어야만 하는 사실은, 예수가 어떤 인물이며 어떤 일을 했든지 간에 분명 기독교인은 아니라는 것이다. 로마노 구아디니[2]는 그리스도의 인간다움에 대해 이렇게 설명했다.

만약 예수가 평범한 인간이라면 그가 모든 사람들에게 건넸던 메시지를 통해 판단되어야만 한다. 그 역시 남들에게 기대하는 그대로 행동해야 하며, 스스로 다른 사람들에게 요구했던 그대로의 방법으로 생각해야만 할 것이다. 그 자신이 기독교인이 되어야만 하는 것이다. 자, 그렇게 되어 그가 보다 더 기독교인다워질수록 그 자신이 이전에 했던 것과 같은 말이나 행동과 생각은 못하게 될 것이며, 시간이 지날수록 그 자신이 보여주었던 불경스러운 행동으로 인해 소스라쳐 놀라게 될 것이다. 만약 예수가 우리들과 마찬가지로 평범한 인간이라면 비록 매우 사려 깊고, 매우 독실하며, 매우 순수한 사람일지라도⋯⋯ 아니, 조금 다르게 이야기해보자. 즉, 그의 깊이와 헌신과 순수함과 위엄은 그 자신이 말하고자 하는 것들을 말하지 못하도록 만들었을 것이다. 그로 인해 다음과 같은 명쾌한 양자택일의 상황이 발생하게 된다. 즉, 그는 있는 그대로 있거나 ― 상황을 적절히 설명하는 것은 아니지만 굳이 말하자면 ― 니체가 1888년에 토리노에서 그랬던 것처럼 정신착란에 빠지거나, 혹은 지금의 우리와는 철저하게 그리고 본질적으로 전혀 다른 사람이 될 것이다.

씌어질 당시의 참뜻을 되새기며 성서들을 읽으려면 예수가 어떤 행동과 어떤 말을 했는가에 대해 묻는 것은 적절치 않다. 우리는 그 기묘한 행동과 말들을 통해 예수가 진심으로 무엇을 말하고자 했던가를 물어야만 한다. 그는 하나님을 우리들에게 드러내 보여주려 했으며, 그 자신이 그 하나님의 독생자임을 증명하려 했던 것이다. 그가 보여주려 했던 것은 언제나 우리들이 기대하는 것 이상으로 도발적이고, 보다 더 난폭했으며 보다 더 이해할 수 없는 것이었다. 그래서 가톨릭 신자인 소설가 프랑수아 모리악[3]은 예수를 가리켜 "역사를 통해 나타난 모든 위대한 인물들 중에서 가장 비논리적이다"라고 했다. 도스토예프스키의 작품 속에 등장하는 대심판관[4]이 그리스도가 "별나고, 모호하며 수수께끼 같은" 태도로 사람들을 혼란스럽게 만든다고 비난할 때, 그는 바로 이러한 점을 알고 있었던 것이다.

사도 바울이 "서로의 일을 돌볼 때 그리스도 예수의 태도를 가져야 한다"(빌립보서 2:5)라고 했던 것은 사실이다. 하지만 그리스도의 마음가짐을 살핀다는 것은 그가 진정으로 말하고자 했던 것을 여러 가지 측면으로 배우는 태도를 말하는 것이다. 우리는 그가 동시대의 사람들과 함께 호흡하면서 인생사에 있어 소중하게 여겼던 것들을 배울 수 있을 것이다.

성서에 의하면, 그는 부자나 권력 있는 자들보다 신분이 낮거나 천대받는 자들과 함께하기를 더 좋아했다고 한다. 그는 나병환자나 광인들, 정신이상자들이나 창녀와 간음한 여자, 그리고 로마에 부역한 자들처럼 정결하지 못한 자들을 위해 정결의식의 선을 넘어섰다. (정결의식에 사용할 물이 담긴 물통을 포도주로 가득 채우면서 그는 슬며시 정결의식을 조롱했던 것은 아닐까?)

그는 악당으로 불렸으며(요한 8:41) 자신의 형제에게 거부당했으며(요한 7:3-5) 그 밖의 가족들로부터도 거부당했다.(마가 3:21) 그는 궁핍하고 더럽혀지고 경멸당하는 자들과 운명을 나누었던 부랑자 중의

부랑자였다. "그는 무법자들과 한 패로 몰렸다."(누가 22:37)

그는 목수의 아들로 하층민들 속에서 자랐다. 그 당시의 목수는 이리저리 떠돌아다녀야 하는 보잘 것 없는 직업이었다.

그는 하층민과 계절별로 고기잡이에 의존해 살아가는 어부, 혹은 멸시받는 직업을 가진 자들(로마를 위해 세금을 징수하던) 중에서 제자들을 선택했다. 그의 제자들 중에는 율법학자도 없었으며 법을 연구한 자도 없었다.

게다가 예수는 집 없는 자들을 더 좋아했다. 자신도 집이 없었으며, 공적인 생애 동안 집 없이 태어나 집 없이 살았다. "여우도 굴이 있고, 하늘을 나는 새도 보금자리가 있으나, 인자(사람의 아들)는 머리 둘 곳이 없다."(마태 8:20) 그는 자신의 몸이 쉴 곳도 남들에게 의존했다. 특히 당시에는 '두번째 계급의 시민'으로 취급당하던 여성들에게 의존했다.

그는 철학자도 아니었다. 그는 후대의 제자들을 위한 아무런 기록도 남기지 않았다. 그는 자신이 전하고자 했던 것들을 배움이 없는 제자들에 의존해 표현했다. 그들을 통해 전하는 성령에는 박사학위나 학식 높은 학술재단의 승인도 필요없었다.(고린도전서 1:20)

그의 존재는 그 자체로 파괴적인 것이었다. 그는 헤롯왕을 피해 도망치던 도중에 태어났다. 영국 국교회의 주교인 N. T. 라이트[5]가 말했던 것처럼 '편집증에 빠진 늙은 폭군이 어린 왕위 요구자가 출현할 것이라는 낌새를 알아차리고 (마을을) 샅샅이 뒤지고 있는 동안, 그는 이미 자신에게 내려진 사형선고를 받은 채 세상에 나왔다.' 훗날 예수는 자신을 빠뜨릴 함정을 파놓고 있거나, 암살을 시도하거나, 추종자들을 짓밟으려 하거나, 교수형에 처해진 세례자 요한에게 내렸던 것과 똑같은 형벌을 준비하고 있던 여러 무리의 사람들을 헤쳐나가야만 했다. 그는 '어둠 속을 다녀야'만 했다.(요한 12:36) 그는 납치당하거나(요한 7:30, 7:44) 잡히거나(마태 21:46, 요한 7:32) 암살당하거나(마태 12:14, 누가 13:31, 요한 7:1, 11:53) 반종교적이라는 이유로 돌팔매질 당하거나(요한 8:59, 10:31-33) 절벽에서 내던져질(누가 4:29) 위험을 끊임없이 겪었다. 공개적으로 세례자 요한을 처형했던 헤롯 안티파스는 예수를 비밀리에 죽이려는 음모를 꾸몄다.(누가 13:31)

예수는 악마의 대리자 혹은 악마 그 자체로 불렸다.(마가 3:22, 요한 7:20, 8:48, 10:20) 그는 불결했으며, 사마리아 사람들(누가 17:16) 그리고 부정한 여인들과 사귀었다.(누가 7:39) 그는 부도덕한 행위(마가 2:16)와 폭식과 폭음(누가 7:34)을 조장했으며, 유대 율법을 조롱한(마태 12:10, 요한 5:16, 9:16) 종파분리론자였다.(요한 8:48) 그는 절대 존경심을 보이지 않았다. 그는 성전의 장로들과 제사장들에게 "내가 진정으로 너희들에게 말한다. 세리와 창녀들이 오히려 너희보다 먼저 하나님의 나라에 들어간다."(마태 21:31)라고 말해 그들을 경악하게 만들었다.

바리새인들이 호의를 베풀려 할 때마저도 예수는 근본주의자인 그들과 밝은 빛 속에 함께 있기를 꺼렸다.(요한 3:1) 자신의 아버지는 '은혜도 모르는 자들과 악한 자들에게도 인자하다'고 말했던 것으로 보아 예수는 그다지 존경할 만한 것이 없는 무리들을 더 좋아했던 것으로 보인다.

예수는 2년 동안 자신을 겨냥해 파놓은 모든 함정들을 피해나갔다. 하층민 동료들 무리 속으로 마치 물고기처럼 숨어 들어가, 계속 변방 쪽으로 이동해 갔다. 만약 그가 겪었던 끊임없는 모험 장면에 어울릴 배경음악을 생각해본다면, 급박하게 종종걸음을 치는 듯한 카차투리안의 바이올린 콘체르토 도입부가 어울릴 것 같다.

그는 마치 외계의 영토로 들어서는 것처럼 여러 도시들로 들어섰다. 그는 절대 적응하지 못할 주변인으로서, 언제나 '중심에서 이탈된' 자였다. 그는 산꼭대기에 있는 광야를 찾았다. 그는 자신의 제자들도 도망다니게 만들었다.(마가 7:24) 어리둥절한 제자들은 그가 어디를 향해 가는지에 대해 서로 소소한 언쟁을 하면서도, 자신들로서는 도저히 납득할 수 없는 일들을 이해하기 위해 애쓰며 종종걸음으로 그의 뒤를 따랐다. 그들로서는 WWJD가 새겨진 팔찌를 차겠다는 생각 따위는 전혀 할 수도 없었을 것이다.

예수는 때로는 축복하고 저주하면서, 때로는 치유하고 꾸짖으면서 소리 없이 사람들의 삶 속을 넘나들었다. 만약 그가 신이 아니라면, 신의 뜻을 거스르는 불경스러운 독설가였을 것이다. 그는 전혀 '유순하고 온화하며 고결한 예수'는 될 수 없었다. 체스터턴의 말을 다시 한번 인용해보자.

일반적으로 우리들은 신약성서에 등장하는 예수야말로 가장 자비롭고 인간적인 모습으로 인류를 사랑했다는 말을 수없이 듣고 있으며, 사람들은 그렇게 말하는 데에 전혀 거리낌이 없다. 하지만 교회들은 찬바람 도는 교리들을 이용해 그러한 인간적인 성품을 숨기고, 교회 조직을 통한 공포를 이용해 그가 인간다워 보이지 않을 때까지 경직시켜 왔다.

이러한 일은, 감히 또다시 말하건대, 진실을 뒤집어엎는 일에 가깝다. 교회에서 그리스도의 이미지는 거의 완벽할 정도로 부드럽고 자애롭다. 그 외 대부분의 것들과 마찬가지로 성서들 속의 그리스도의 이미지는 실제로 그렇다. 성서 속에 등장하는 그는 우리들의 상처 난 가슴을 어루만져주기 위해 비통함이 배어 있는 아름다운 말들로 연민을 드러내 보인다.

하지만 그가 단지 그렇게 오직 한 가지 방식만으로 말했던 것은 절대 아니다…. 그리스도가 분노에 찬 모습을 보여줄 때를 그려보면 섬뜩하고 오싹하게 만드는 무엇인가가 있다. 길모퉁이를 돌거나 장터로 나아갈 때 독사의 무리들과 마주쳐 돌처럼 굳어 망연자실해 하는 모습이거나, 위선자의 얼굴을 바라보는 그 표정을 그려볼 때에도 감당하기 힘든 무엇인가가 있다.

'복음서'에는 불가해한 침묵이나 풍자적인 반문 등과 같은, 분명 중요한 의미를 담고 있는 느닷없는 몸짓들로 가득하지만 우리는 그것들이 무엇을 뜻하는지 제대로 모르고 있을 뿐이다. 분노의 표출도 마치 갑자기 몰아치는 폭풍우처럼 우리들의 예상과는 전혀 다른 장소에서 일어나, 자신만의 차원 높은 기상도를 따르고 있는 것처럼 보인다.

일반적인 교회에서 가르치고 있는 베드로는 그리스도가 용서를 베풀며 '나의 어린 양들을 먹이라'고 일렀던 바로 그 베드로이다. 하지만 그리스도가 마치 악마라도 되는 듯이 그를 바라보며, 알 수 없는 분노 속에 '사탄아, 내 뒤로 물러서라'며 울부짖었던 그 베드로는 아닌 것이다.

그리스도는 자신을 암살하려 했던 예루살렘을 향해서는 오직 사랑과 연민만을 보이며 애석해했을 뿐이다. 우리들은 그 어떤 영적 분위기 혹은 영적 성찰이 그로 하여금 벳새다를 소돔보다 더한 지옥구덩이로 떨어지게 했는지 전혀 알 수 없다.

성서 속의 예수는 심한 훼손을 당했으며, 토마스 제퍼슨도 그런 훼손에 일조한 사람 중 한 명이다.

기적과 저주들, 달겨들었다 도망치는 악마들에 대한 내용을 무척

거북스러워했던 그는, 지혜로운 한 남자의 이야기에 어울리지 않는 다고 생각했던 부분들을 성서에서 삭제하는 것으로, 보다 더 납득할 만한 그 자신만의 예수를 창조해냈다.

초자연적인 이적들을 모두 없애버린 결과로 성서는 좋은 남자, 아주 훌륭한 남자, 어쩌면 좋은 남자 중에서도 가장 좋은 남자의 이야기가 되어버렸다. 그러므로 그 남자는 기적을 일으키려 하거나 악마들과 싸울 필요도 없어졌으며 하나님 아버지에게로 통하는 특별한 통로를 가지고 있을 필요도 없어졌다. 제퍼슨의 개정 신약성서는 본래의 것보다 훨씬 짧아졌을 뿐만 아니라 따분해져 버렸다. 그 속에서는 예상치 못한 일들이 전혀 일어나지 않는다. 예를 들어, 그 성서에는 부활마저도 없다.

제퍼슨의 예수는 패러독스를 빼앗겨버려 진부한 인물이 돼버렸다. 성서 속의 예수가 현세와 내세를 동시에 살았던 사람이라는 사실에 비추어보면, 그는 당대의 사람 혹은 시대를 앞서간 사람이었지만 시간을 벗어난 사람은 아니었다. 체스터턴은 이렇게 결론내린다.

떠돌아 다니던 목수의 도제가 나지막하고 무심하게 어깨 너머를 바라보며 '아브라함이 있기 전부터 내가 있었다'라고 했던 말 속엔, 풀잎은 곧 시들 것이고 하늘의 새들은 죽어 땅에 떨어질 것임을 예측할 수 있는 순박한 감수성을 갖춘 평범한 사람들의

26

놀라운 지혜보다 더 많은 지혜가 담겨 있었다.

두말할 필요도 없이 그 구절은(요한 8:58) 제퍼슨에 의해 삭제되었다. 그가 생각하는 온순한 인도주의적 도덕군자는 충격적이고 도발적이거나 모호한 말을 해서는 안 되기 때문이었다. 악마나 기적들만 삭제된 것은 아니었다. 다음과 같은 문장들도 마찬가지였다.

"너희는 내가 세상에 평화를 주려고 온 줄로 생각하지 말아라. 평화가 아니라 칼을 주려고 왔다. 나는 '아들이 제 아버지를, 딸이 제 어머니를, 며느리가 제 시어머니를 거슬러서 갈라서게' 하러 왔다. 나보다 아버지나 어머니를 더 사랑하는 사람은 내게 적합하지 않고, 나보다 아들이나 딸을 더 사랑하는 사람도 내게 적합하지 않다. 또 자기 십자가를 지고 나를 따르지 않는 사람도 내게 적합하지 않다. 자기 목숨을 얻으려는 사람은 목숨을 잃을 것이요, 나를 위하여 자기 목숨을 잃는 사람은 목숨을 얻을 것이다."(마태 10:34-39)

전통적인 복음서에서 '진짜' 복음을 가려 뽑는 제퍼슨의 작업 — 스스로 '퇴비 더미에서 다이아몬드를 찾아내는' 작업이라고 불렀던 — 은 최근에 그 작업이 무척 어렵지만 그만큼 대단히 생산적인 결과를 가져올 것임을 알게 된 어떤 팀에 의해 다시 시작되었다. 학자들로 구성된 '예수 세미나'라고 불리는 이 팀은 '인증된' 예수의 말과 행동들을, 성서 집필자들이 만들어낸 예수의 말과 행동들과 구분하여 서로 다른 색으로 인쇄한 성서를 출간했다. 이들 전문가들은 퇴비 더미에서 다이아몬드를 구별해내기 위해 언어학적, 역사학적인 검증들을 실시했지만, 얼핏 보기에 기묘하거나 위험하거나 초자연적인 것들은 모두 의심스럽다는 제퍼슨 식의 가정을 근거로 작업을 진행했다. 그 결과 부활은 처음부터 배제되었다. 그 세미나의 창시자인 로버트 펑크는 예수가 '현세의 성자'였다는 제퍼슨의 견해에 공감한다고 했으며, 그가 이끄는 팀은 제퍼슨이 그랬던 것보다 더 철저하게 성서의 내용들을 솎아내버렸다.

그 결과, 요한복음서에는 인증된 말씀이 전혀 없게 됐다(제퍼슨은 요한을 무척 좋아했다). (일반적으로 가장 일찍 씌어졌다는 이유로 가장 정통적이라고 여겨지는) 마가복음의 대부분도 마태복음의 마지막 3분의 1 분량과 함께 내팽개쳐졌다. 누가복음서가 가장 '인도주의적인 성서'라 제일 훌륭하다고 결론 내렸지만, 그 세미나는 전체적인 성서 속의 예수의 행적들과 말씀들 중 5분의 1도 채 되지 않을 정도만 남겨두었다.

이것은 새로운 근본주의다. 성서의 내용을 문자적 측면으로만 파악하고 믿는 것이며, 예수에게서 문자적으로 인용할 수 있는 내용만으로 성서를 축소해버리는 것이다. 그 '예수 세미나'에서 활동하는 사람들을 급진적이라고 부르기도 하지만, 사실 그들은 너무나도 보수적이다. 그들은 진정한 급진주의자인 예수를 순하게 길들여 자신들에게 어울리는 크기로 재단해버린 것이다. 로버트 펑크는 예수를 가리켜 '최초의 유대 출신 스탠드업 희극배우'라고 불렀지만, 예수를 싯다운Sit-down 스토아철학의 마지막 성자라고 여겼던 제퍼슨의 견해와 그다지 차이가 없다.

당연하게도 그 세미나로부터 인증된 말씀들은, 정당한 공로를 인정받지 못하고 있는 기독교 공동체들에 의해 보존되어온 것이다. 한 인간으로서의 예수가 성서 밖에서는 전혀 존재하지 않으며, 성서 속에서만 존재하게 된 단 한 가지의 이유는 바로 부활에 대한 성서 집필자들의 믿음 때문이었다. '역사 속에 존재하는 예수'를 확인하기 위해 구문을 찾아내려 노력하는 것은 퇴비 더미에서 다이아몬드를 발견하는 일이 아니라 태평양 바닥에서 뉴욕 시를 찾아내려는 것과 같다. 그것은 논리가 뒤엉켜 혼재되어 있는 전혀 엉뚱한 담론의 세계라할 수 있다.

우리가 알고 있는 유일한 예수는 바로 믿음의 예수다. 그러한 믿음을 거부한다면 성서 속의 이야기들을 믿을 이유가 전혀 없다. 성서 속의 예수는 말씀을 전하고 부활했던 바로 그 예수다. 그가 이끈 신비로운 무리의 구성원들이 품고 있던, 그의 영속적인 활동에 대한 믿음이 성서에 대한 기독교적인 믿음의 기반이다. 그것을 믿을 수 없는 사람이라면 굳이 예수에 대해 왈가왈부 성가시게 할 필요도 없다.

그들이 그려놓은 단조로운 인물은 플라톤보다 심오한 철학자도 아니고, 마크 트웨인보다 더 나은 이야기꾼도 아니며, (제퍼슨이 존경했던 유일한 고대 철학자인) 에픽테투스보다 더 치열한 고행 수도자도 아니다. 만약 예수가 주장했던 것들이 그들의 주장보다 더 고귀하지 않다면, 아무런 의미도 없는 것이다.

우리들에게 전해 내려오는 몇몇 종교적 인물들과 관련된 원초적인 이야기들은, 세미나 사람들이 평가하는 것처럼, 있는 그대로 전해지지 않고 훗날 윤색된 것들이다. 그러한 인물들로부터 퍼져 나온 최초의 기록들은 한결같이 신성과 기적으로 광휘를 내뿜는다. 성 프란시스[6]와 발 셈 토브[7]의 경우도 마찬가지였다. 처음에 이러한 사람들이 주목받게 된 것은 그들이 다른 사람들의 믿음에 영향을 끼쳤다는 사실 때문이었다. 실제로, 기적들은 그러한 사람들 주변에서 저절로 일어난다. 바로 예수가 가장 대표적인 예이다. 그가 이적을 일으키는 성인들과 — 예를 들어 티아나의 아폴로니우스[8]와 같은 — 비슷해 보인다는 사실이 그가 그들의 모조품이라는 것을 뜻하지는 않는다. 오히려 그들이 그에게로 다가서려 하고 있는 것이다. 배고픈 사람들은 그들이며 그가 음식인 것이다. 그들은 고통거리지만 그는 위안거리이다.

체스터턴이 말했듯이, 그의 이야기가 인류의 위대한 신화들과 닮은 것은 그가 그러한 여러 신화들의 구현이기 때문이다. 어떤 사람이 '하늘에서 신의 목소리가 들려왔다는 수많은 이야기들처럼, 그리스도의 세례 장면에서도 그러는 것으로 보아 그의 이야기도 다른 이야기들과 다를 바 없다'고 말했을 때, 체스터턴은 이렇게 반문한다. "그렇다면 신의 목소리가 탄광에서 들려와야 한단 말이오?"

예수의 경우, 경이로움과 기적이 처음으로 빛을 발했던 내용들이 바울의 편지들 속에 기록되어 있으며, 바울의 편지들은 복음서들보다 반세기나 4반세기 정도 앞선 기록이다. 세미나 관계자들은 복음서들을 마치 그 이전에 있었던 예수의 '진짜' 말씀들을 왜곡한 것처럼 취급한다. 하지만 실제로 그들 이전에 있던 기록은 그리스도의 신성과 그가 하나님의 혈통이라는 것과 그가 죽지 않고 부활했음을 설파했던 바울의 고백이었다. 그러니 그가 마치 이미 존재하고 있던 복음서들로부터 무언가 다른 것을 만들어냈다고 말할 수도 없는 것이다. 바울은 기독교 공동체로부터 전해 받은 중요한 사실들을 그대로 전해주었을 뿐이다.(고린도전서 15:3) 우리는 이것이 사실임을 알고 있다. 그가 편지들을 작성하기 전에 이미 공동체에서 부르던 다음과 같은 찬송가들을 인용했기 때문이다.

그분은 하나님의 모습을 지니셨으나,

하나님과 동등함을

당연하게 생각하지 않으시고,

오히려 자기를 비워서

종의 모습을 취하시고,

사람과 같이 되셨습니다.

그는 사람의 모양으로 나타나셔서,

자기를 낮추시고,

죽기까지 순종하셨으니,

곧 십자가에 죽기까지 하셨습니다.

그러므로 하나님께서는 그를

지극히 높이시고,

모든 이름 위에 뛰어난 이름을

그에게 주셨습니다.

그리하여

하늘과 땅 위와 땅 아래에 있는 모든 것들이

예수의 이름 앞에 무릎을 꿇고,

모두가 예수 그리스도는 주님이시라고

고백하여,

하나님 아버지께

영광을 돌리게 하셨습니다. (빌립보서 2:6-11)

신성의 선언은 훗날 '덧붙여진' 것이 아니다. 덧붙여진 것은 훗날의 설명들이다. 복음서들은 적극적으로 공감하고 있던 믿음의 고백을 따른 것이며, 그러한 믿음의 종교적인 함의를 추적한 것이며, 바로 그 믿음의 맥락에서만 예수의 말씀들을 인용했던 것이다. 그러므로 이 책에서는 복음서들에 씌어진 대로 우리들에게 전해져온 예수의 참뜻을 받아들일 것이다. 그리하여 믿음의 예수를 다룰 것이다. 그 밖의 예수는 없기 때문이다. '역사적인 예수'는 우리들 앞에 존재하지 않는다. 로마노 구아디니는 예수의 심리학에 관한 자신의 책에서 이 문제에 대해 잘 설명하고 있다.

만약 우리가 (훗날의) 모든 설명들을 무시하고 예수 그리스도가 지상에 있었던 모습 그대로를 직접 볼 수 있는 위치에 있다면, 아마도 '간명한' 역사적 예수와 마주치지는 못할 것이다. 오히려 압도적인 위대함과 불가해함을 갖춘 인물과 마주하게 될 것이다. 그리스도의 형상을 드러내 보여주는 분야가 진전된다는 것이, 이미 선언된 것에 무언가를 덧붙이는 것임을 의미하진 않는다. '처음부터 있었던' 그것에 조금씩 다가가 눈앞에 펼쳐지는 것을 목격한다는 것을 의미한다.
만약 우리들이 '원형'으로 돌아갈 수 있다면, 다시 말해 사도들의 마음속에 자리잡기 전이거나 그들의 설교에 의해 상세히 설명되기 전, 믿는 자들의 공동생활에 받아들여지기 전의 그리스도의 형상으로 돌아갈 수 있다면, 우리는 사도 요한이나 사도 바울의 가장 대담한 설명을 통해서 전해 들은 것보다 한층 더 어마어마하고 도저히 이해할 수조차 없는 그리스도의 모습과 마주하게 될 것이다.

사도들의 설명은 그에게 이르는 길잡이지만 신성과 인성을 갖춘 그의 본질이 지닌 완벽함을 전혀 제대로 드러내주지 못하는 것이다. 사도들은 실질적인 예수의 모습보다 역사적인 예수의 모습만을 보여주었을 뿐이다. 그러므로 언제나 부족하다.

복음서들을 예수가 진정으로 의미했던 것들의 공인된 진술로 받아들인다고 해서, 최근의 역사적 진실이라는 관점으로 복음서에 씌어져 있는 모든 것들을 문자 그대로 진실이라고 여기는 새로운 근본주의로부터 오래된 근본주의로 돌아가도록 만들지는 않을 것이다.

복음서들은 말로 표현해낼 수 없는 것들을 그 과업에 적절한 언어, 유대 경전에서 물려받은 언어로 표현하고 있다. 예를 들어, 누가의 복음서는 그리스도의 강생降生의 의미를 신성한 탄생이라는 시적인 형식으로 그려내고 있는데, 그와 그의 동료들은 바로 그것이 그리스도의 탄생이 의미하는 것임을 알고 있었기 때문이다.

복음서들을 믿는다는 것은, 비록 여러 단계의 상징화 작업이 있었

34

겠지만, 모든 내용을 본뜻 그대로 받아들인다는 것이다. 복음서들을 경건하게 읽는다는 것은 비록 그러한 모든 상징들에도 불구하고 예수가 **진정 어떤 의미를 전하려 했던가**를 지속적으로 묻는 것이다.

이 책은 학술서적이 아니라 믿음을 이야기하는 책이다. 이 책은 믿음의 고백이다. 성 안셀무스[9]가 '지성을 찾는 신앙(*fides quaerens intellectum*)'이라고 불렀던 것과 같은, 합리적인 믿음을 따져보고 합리적인 믿음을 고백하는 책이다. 이 책을 쓰는 데 있어, 믿음의 예수를 다룬 몇몇 저서들, 특히 길버트 체스터턴(《영원한 사람》), 프랑수아 모리악(《예수의 일생》), 로마노 구아디니(《인간적인 그리스도》) 그리고 엔도 슈사쿠[10](《예수의 생애》)의 저서들을 염두에 두고 있었다.

이들은 성서 연구자들이 아니다. 운명적으로 지니게 된 통찰력으로 복음서들을 세심하게 읽어낸 확고한 믿음의 사람들이다. 엔도는 의식적으로 모리악을 모방했으며, 나는 이 두 사람이 이끄는 대로 따르려고 노력했다. 하지만 두 작가는 저마다의 독특한 방식으로 내게 복음서들의 급진주의를 알아차릴 수 있도록 도움을 주었다. 또한 모리악은 내게 다음과 같은 소박한 진리도 일깨워주었다.

의심할 것도 없이 예수의 생애는 두 무릎을 꿇고, 손에서 펜을 떨어뜨려야 할 만큼의 부끄러운 마음을 갖고 씌어져야만 한다. 죄 많은 자는 그러한 역사를 수행한 그의 무모한 행동에 대해 부끄러워해야만 한다.

혹은 위대한 안내자도 스스로 인정했듯 "나는 그의 신을 들고 다닐 자격조차 없다."(마태 3:11)

┃ 주 ┃

1) 길버트 체스터턴(1874~1936) 영국의 평론가 · 작가. 주로 추리 기법을 원용한 소설들을 썼으나 가톨릭으로 개종한 후 신앙을 옹호하는 작가이자 비평가로 활동했다. 대표 작품으로는 《목요일의 사나이》, 《39계단》 그리고 《브라운 신부 이야기》 등이 있다.

2) 로마노 구아디니(1885~1968) 가톨릭 신부로서, 작가이며 학자. 1952년 독일 출판업 평화상을 수상하였다.

3) 프랑수아 모리악(1885~1970) 프랑스의 소설가. 1952년 《테레즈 데케루》로 노벨 문학상을 수상했다. 《사랑과 사막》, 《테레즈 데케루》 등을 통해 신앙을 잃은 인간의 비참함을 그렸다. 대표 작품으로 《나병 환자에게 입맞춤》, 《독사둥지》, 《프롱트낙 신비》 등이 있다.

4) 《카라마조프가의 형제들》을 지칭하는 것이다. 이 작품은 도스토예프스키의 마지막 장편 소설로, 1879~1880년에 발표되었다. 사상적 · 종교적 문제, 인간의 본질에 관한 사색을 장대한 규모와 긴밀한 구성으로 집대성한 작품이지만, 미완성이다. 물욕과 음탕의 상징인 아버지 표도르, 야성적 정열과 순수함을 갖춘 장남 드미트리, 냉소적인 허무주의자 지식인 둘째 이반, 수도원에 몸담고 있는 순진하고 종교적인 셋째 알료샤, 거기에 아버지와 여자 거지에게서 태어난 막내아들을 중심으로 부자간과 형제간의 애욕, 그리고 신과 인간의 구원 문제를 깊이 있게 다루고 있다.
대심판관은 둘째 아들 이반의 극시에 나오는 중세시대의 종교재판관이다. 그는 재림한 예수를 향해, 세상은 그가 나타나면 오히려 혼란에 빠질 것이며, 세상은 더 이상 그를 필요로 하지 않는다며 다시 하늘나라로 돌아가라고 말한다. 결국 재림한 예수가 중세의 교권에 의해 거부되는 것으로 표현하고 있다.

5) N.T. 라이트. 세계적인 신약성서학자. 현재 영국성공회 더럼 교구장을 맡고 있다. 저서로는 《예수님과 하나님의 승리》, 《신약성서와 하나님의 백성》 등이 있다.

6) 성 프란시스(1181~1226) 가톨릭 성인. 프란체스코회 창립자. 기독교 역사에 있어 파격적인 인물이다. 그의 가르침은 그리스도와 이웃에 대한 뜨거운 사랑으로 일관됐으며, 이를 실천하기 위해 모든 재산을 버리고 일생 동안 청빈하게 살며 이웃 사랑에 헌신했다.

7) 발 셈 토브(1700년경~1760) 신비주의를 강조하고 세속학문과 유대인들의 합리주의에 반대하는 유대교 영성운동인 하시디즘의 창시자이다. 육체적 고행을 포기하고 일상생활의 성결을 강조하였다.

8) 아폴로니우스(1세기경) 고대 그리스 철학자로, 기적을 행하는 사람으로 숭상되었다. 예언을 하고 질병을 고치며 죽은 자를 살려냈다고 전해져, 생활양식과 행적이 예수와 자주 비교되어왔다.

9) 성 안셀무스(1033~1109) 중세 이탈리아의 신학자이자 철학자. '스콜라 철학의 아버지'로 불린다. 저서로는 《모놀로기온》, 《프로슬로기온》, 《왜 신은 사람이 되었는가》 등이 있다. "믿기 위하여 이해하는 것이 아니라 이해하기 위하여 믿는다"라는 말로 그리스도교의 신비를 깊이 이해하는 것이 올바른 신앙임을 주장했다.

10) 엔도 슈사쿠(1923~1996) 일본의 소설가. 동양문화와 서양문화의 차이, 신앙 문제, 믿음과 가치관에서 현대적인 것과 전통적인 것의 충돌을 로마 가톨릭 교회의 관점에서 검토했다. 독특한 그리스도교적 시각으로 동·서양 관계를 고찰한 것으로 유명하며, 노벨문학상 후보로도 거론되었다. 《바다와 독약》, 《침묵》 등의 대표 작품이 있다.

제1장

감추어진 시간들

❖ 그의 탄생을 알리다

나에게는 마리아의 성수태고지를 주제로 한 그림이나 조각들 중에서, 마리아를 공포에 질린 모습으로 표현해놓은 작품들이 가장 가슴에 와닿는다. 아르투로 마르티니[1]와 단테 가브리엘 로제티[2]가 그린 마리아는, 마치 궁지에 몰린 사람처럼 몸을 잔뜩 웅크리며 천사로부터 물러서려 하고 있다. 로렌초 로토[3]의 마리아는 마치 천사로부터 도망치려는 듯, 몸을 완전히 돌리고 있다. 하지만 가장 충격적인 모습들은 14세기의 그림에서 등장한다. 예를 들어 마돈나 릴리(*cini madonna*)[4]의 대가인 로렌초 베네치아노[5]의 그림에서는 천사 가브리엘이 전하는 말에 기절할 듯이 놀란 마리아가 몸을 휘청이며 물러나 돌기둥에 겨우 몸을 지탱하고 있다.

공포에 질린 듯한 그녀의 반응은 누가의 복음서에서 볼 수 있다.

"마리아는 그 말을 듣고 몹시 놀라 '도대체 그 인사말이 무슨 뜻일까' 하고 궁금히 여겼다."(누가 1:29) 천사는 "두려워하지 말아라. 그대는 하나님의 은혜를 입었다"라며 그녀를 안심시켜야만 했다. 그녀는 그런 은혜가 얼마나 위험한 것인지 미리 알고 있었던 것일까?

하나님이 선택한 사람들은 일반적으로 고통을 겪도록 정해져 있었다. 특히 예수의 부름을 받는 경우에 대해 존 헨리 뉴먼은 이렇게 말한다.

"그의 곁으로 가까이 다가서려는 사람은 누구나, 마치 고통과 고난이 그로부터 비롯되기라도 하는 것처럼, 마치 그들의 영혼에 유익하고 고귀한 미덕인 것처럼, 가까이 다가갈수록 많건 적건 고통을 겪었다."

예수 역시 기독교인의 행복을 반어적으로 이야기하면서 그와 같은 취지로 말했다.

"너희가 나 때문에 모욕을 당하고, 박해를 받고, 터무니없는 말로 온갖 비난을 받으면, 복이 있다. 너희는 기뻐하고 즐거워하여라. 하늘에서 받을 너희의 상이 크기 때문이다. 너희보다 먼저 온 예언자들도 이와 같이 박해를 받았다."(마태 5:11-12)

얼마 지나지 않아, 마리아는 자신에게 주어진 성스러운 특권으로 인해 겪게 될 일들에 대해 듣게 된다. (율법에 따라) 새로 태어난 아기를 성전에 바쳤을 때, 덕망 높은 유대교 장로 시므온에게 이런 이야기를 듣게 되는 것이다.

"이 아기는 이스라엘 가운데 많은 사람을 넘어지게도 하고 일어나게도 하려고 세우심을 받았으며, 비방받는 표징이 되게 하려고 세우심을 받았습니다. 그리고 칼이 당신의 마음을 찌를 것입니다. 그리하여 많은 사람의 마음속 생각들이 드러나게 될 것입니다."(누가 2:34-35)

또 훗날 성인이 된 그 아이는 이렇게 말한다.

"너희는 내가 세상에 평화를 주려고 온 줄로 생각하지 말아라. 평화가 아니라 칼을 주려고 왔다."(마태 10:34)

후대의 사람들은 이 말을 십자군전쟁을 정당화하는 데 활용하지만, 예수가 지닌 칼은 그들에 의해 사용될 것이 아니라 예수 자신과 그의 제자들을 향해 사용될 것이었다. 예수는 베드로에게 "네 칼을 도로 칼집에 꽂아라. 칼을 쓰는 사람은 모두 칼로 망한다"(마태 26:52)고 말한다.

그가 가져온 칼은 다른 사람들이 휘둘렀다. 그 첫번째 사례는, 로마에 협력하던 유대인 헤롯이 자신의 왕국으로 조용히 잠입해 들어온 위험한 아기를 찾아내기 위해 어린 아기들을 무차별적으로 죽였던 때였다. 예수는 처음부터 권력에 위협이 되었던 것이다.

그 사건은 여러 아기들 속에 있는 범상치 않은 한 아기의 존재로 인해 아기들 모두가 위험에 빠질 것이라는 신비로운 소문으로부터 시작되었다. 그 아기는 특별했지만 동시에 다른 아기들과 구별할 수 없었다. 천사는 그 아기의 이름은 지어주었지만, 부모를 식별할 수 있도록 지은 이름은 아니었다.

하지만 1세기의 유대교 역사학자인 요세푸스에 따르면, 예수라는 이름은 당시에 가장 흔한 이름 중 하나였다고 한다. 그 아기는 마치 '아무개everyman' 혹은 단순히 '사람의 아들'이라고 불렸던 것이나 마찬가지였다. 그렇듯 처음에 그는 모든 인류의 전형 혹은 축약인 것처럼 보였지만 훗날 그러한 인상은 잘못된 것이었음이 밝혀졌다. 초기 그리스도교 찬송에서 나타나듯 예수라는 평범한 이름은 모든 이름들 중에서도 가장 사랑받게 될 것이기 때문이었다.

"하나님께서는 그를 지극히 높이시고, 모든 이름 위에 뛰어난 이름을 그에게 주셨습니다. 그리하여 하늘과 땅 위와 땅 아래에 있는 모든 것들이 예수의 이름 앞에 무릎을 꿇고, 모두가 예수 그리스도는 주님이시라고 고백하여, 하나님 아버지께 영광을 돌리게 하셨습니다."(빌립보서 2:9–11)

✤ 추방당한 자

예수는 여러번 쫓겨나고 추방되어 당시 세상에서 중요한 곳들의 변두리에서 살았다. 그는 버림받은 지역, 버림받은 도시의 출신이었다.(요한 1:46) 하지만 그는 그러한 벽지에서도 평화롭게 태어날 수 없었다. 그의 부모들은 유대 백성을 다스리던 점령자들의 법령에 의해 추방당했다. 황제의 인구조사가 예정되어 있었기 때문에, 그의 아버지 요셉은 자신의 출생지로 돌아가야만 했다. 보다 더 확실한 통제를 위한 인구조사가 시작되면 유대인들은 권력자를 두려워하면서도 동시에 분노했다. 자신들의 통치자 다윗이 인구조사를 했을 때마저도 마찬가지였다.(사무엘기하 24:1-25) 누가는 자신의 복음서에서 로마의 황제가 먼 곳에 떨어져 있는 사람들의 삶을 온통 뒤집어 흔들어버렸음을 보여주면서, 로마 권력의 포악함을 지적했다.

게다가 요셉의 고향 땅에는 친척들마저 전혀 남아 있지 않았다. 여인숙을 찾아 쉬려 했지만 그곳도 이미 생활 터전에서 쫓겨난 사람들로 북적거리고 있었다. 낯선 사람들이 몰려 왔기 때문에 그는 발길을 돌려 떠나야만 했다. 출산이 가까워온 여인을 쉬게 할 잠자리마저 전혀 남아 있지 않았다. 그녀는 마굿간에서 아기를 낳아야만 했으며, 갓 태어난 아기를 구유통의 지푸라기 위에 뉘였다. 평상적인 환경과 상황으로부터 완벽히 추방된 것이다.

예수는 억압받는 사람들 속에서 태어났을 뿐만 아니라, 부모의 도시에서도 강제로 쫓겨났으며 일상적인 보금자리로부터 배척당했다. 이제 억압받고, 집도 없으며, 배척당한 그는 낯익고, 편안한 곳에서 멀리 쫓겨나 유대민족의 방랑을 떠올리게 하는 유랑생활을 해야만 했다. 박해자인 헤롯은 오래 전에 하나님이 선택한 도구들을 — 처음에는 그의 백성을, 그 후에는 그의 아들을 — 짓밟아 뭉갰던 파라오의 역할을 떠맡았다. 예수와 세속적인 권력과의 관계는 그의 삶이 시작되는 순간부터 명백히 드러나 있다. 그는 통치자들의 희생양으로서 여러 세대에 걸쳐 그들로부터 도망치고 있는 것이다.

✣ 청년 시절

가장 일찍 씌어진 마가의 복음서에는 성인이 된 예수가 불쑥 등장하여 하나님의 나라가 가까이 왔음을 전한다. 누가는(3:23) 예수가 그 무렵에 '서른 즈음'이었다고 전한다. 하지만 이것은 그가 완전한 성인이 되었음을 뜻하는 관습적인 수사법일 뿐이다. 그 이전의 이른바 '감추어진 시간' 동안 예수는 무엇을 하고 있었을까? 누가는 그 일련의 과정들을 상징적으로 보여주고 나서, 예수의 '지혜와 키가 자랐다'(2:52)고 밝힌다.

모든 청소년들이 그렇듯 부모의 품에서 조금씩 떨어져나가는 과정은 예수가 사춘기에 접어들 무렵, 부모에게 알리지도 않고 혼자 그들 곁을 떠났던 12살 때의 일화에 묘사되어 있다. 그것은 유월절을 지키기 위해 예수와 함께 예루살렘에 갔을 때 벌어진 일이었다. 예수는 '선생들 가운데 앉아서, 그들의 말을 듣기도 하고, 그들에게 묻기도'(2:42) 하기 위해 부모 곁을 슬그머니 떠났던 것이다. 자신의 백성들에게 내려진 계시들을 배워야만 했기 때문이었다.

당연히 그의 예고 없는 실종은, 그가 일행에서 이탈했다는 사실도 모른 채 고향집을 향해 꼬박 하룻길을 걸어갔던 부모를 당황케 했다. 3일간을 애타게 찾아다닌 그들은 성전에서 간신히 그를 찾을 수 있었다.

마리아는 "애야, 이게 무슨 일이냐? 네 아버지와 내가 너를 찾느라고 얼마나 애를 태웠는지 모르겠니?"라고 물었다. 그러나 예수는 "어찌하여 나를 찾으셨습니까? 내가 내 아버지의 집에 있어야 할 줄을 알지 못하셨습니까?"(누가 2:49)라 대답하여 자신이 이제는 세속의 아버지와 어머니로부터 독립된 존재임을 선언했다. 하지만 "부모는 예수가 자기들에게 한 말이 무슨 뜻인지를 깨닫지 못하였다."(2:50)

그는 집안에서도 알 수 없는 존재였다. 가족들은 가정 내에 분란을 일으키는 식구를 대할 때와 같은 당혹감을 느껴야만 했다. 그의 공개적인 생활이 물의를 일으키자, "그의 형제들까지도 그를 믿지 않았다."(요한 7:5) 실제로 "그의 가족들은 그를 가두어두려 했었다."(마가 3:21) 여기저기에서 물의를 일으킨 후에 그는 고향마을인 나사렛으로 돌아가려 했지만 마을 주민들은 "들고 일어나 예수를 동네 밖으로 내쫓았다. 그들의 동네가 산 위에 있으므로, 그들은 예수를 산 벼랑까지 끌고 가서, 거기에서 밀쳐 떨어뜨리려고 하였다."(누가 4:29)

성전을 드나들기 위해 부모의 곁을 떠나며 보여준 예수의 독립 성향은, 마태복음 13장 55절에 언급되어 있는 형제들과 누이들, '야고보, 요셉, 유다 그리고 시몬 등 동생들'(마가 6:3)과 같은 나머지 가족들도 분명하게 알아차렸을 것이다. 복음서들에서 자주 강조되어 나타나는 가족들의 적대감은, 훗날 예수가 "누구든지 내게로 오는 사람은, 자기 아버지나 어머니나, 아내나 자식이나, 형제나 자매뿐만 아니라, 심지어 자기 목숨까지도 미워하지 않으면, 내 제자가 될 수 없다."(누가 14:26)라고 했던 말이 주는 당혹감을 완화시켜 어느 정도 납득할 수 있도록 도와준다.

가족들로서는 그의 그런 태도 자체가 미웠을 것이다. 그들은 그가 왜 가업인 목수일은 거들떠보지도 않고, 학자들이나 들여다볼 히브리어 문서들을 읽는 등, 자신들에겐 소용이 닿지 않는 것들을 배우며, 잘난 척하며, 전혀 다른 길로 가는지 도저히 알 수 없었던 것이다.

예수는 훗날 자신을 대접하기 위해 부엌에서 분주히 움직이던 마르다 대신 자신의 이야기를 듣기 위해 집안의 허드렛일을 팽개친 마리아를 칭찬했다.(누가 10:38-41) 이 일화에서 자신과 함께 살아온 사람들의 평범한 일상에 대해 그가 어떤 태도를 보였던가를 엿볼 수 있지 않을까? 그에게는 다른 아이들이 즐겨하던 놀이나 공부보다 더 급박한 사명, 즉 하나님 아버지의 일이 있었던 것이다. 비록 12살 때 부모의 곁을 훌쩍 떠났던 일에 대한 누가의 언급 외에는 '감추어진 시간'에 대한 명확한 설명은 없지만, 고향 사람들의 기대 속에 머물지 않는 반역의 자세는 가족 간의 인연을 거론할 때마다 거듭 나타나고 있다.

고향 나사렛에서 찾아온 사람들도 함께 참석했던 가나의 혼인 잔치에서 그는 어머니에게 이렇게 말한다. "여자여, 그것이 나와 당신에게 무슨 상관이 있습니까?"(요한 2:4) 어느 여인이 그를 수태했던 자궁은 참으로 복받은 것이라고 말하자 그는 '오히려, 하나님의 말씀을 듣고 지키는 사람이 복이 있다'고 대답한다.(누가 11:27-28) 어머니와 형제들이 자신을 만나기 위해 오고 있다는 말을 들었을 때는, "누가 내 어머니이며 내 형제들이냐?"라고 말했다. 그리고는 주위에 둘러앉은 제자들을 둘러보면서 "보아라, 여기 내 어머니와 형제들이 있다. 누구든지 하나님의 뜻을 행하는 사람이 곧 내 형제요 자매요 어머니다"라고 덧붙인다.(마가 3:33-35)

기독교 지도자들은 청소년들의 반항적인 태도를 꾸짖을 때, 순종적인 태도와 바른 행동의 본보기로 윤색된 예수의 어린 시절에 대해 들려주곤 한다. 그들은 신비롭게 꾸며낸 어린 예수를 가장 제한적이며 순종적인 의미의 '가족 규범'의 실례로 제시한다. 하지만 젊은 날의 이상주의와 절대주의에 매료되어 거부하며 반항하고, 과거에 만들어진 한계에 적극적으로 저항하며 새로운 세상을 동경하는 청소년들보다 예수가 더 심했다는 것을 암시하는 일들이 매우 많다. 훗날 그의 형제와 자매들이 '미쳤다'고까지 생각했다는 이야기도 있다.(마가 3:21) 그것은 그와 함께 생활했던 어린 시절의 일들 때문에 자연스럽게 품게 된 생각일 것이다.

범상치 않은 한 아이가 기대에 어긋난 반항적인 행동을 할 때, 그로 인해 일어나는 가족 간의 불화를 가장 곤혹스러워하고 걱정하는 사람은 바로 어머니일 것이다. 부모가 겪는 이러한 곤혹스러움은 메리 고든의 소설, 《진주Pearl》에 잘 묘사되어 있다. 소설 속의 어머니는 자신을 죽게 할 수도 있는 어떤 원칙에 과도하게 집착하는 아들을 지켜보면서, 자신의 정체성에 대해 의구심을 품게 된다. 예수의 어머니도 자신의 몸에서 태어났다는 신비로운 그 일의 의미를 헤아리며, 그러한 당혹감과 걱정을 매우 극심하게 느꼈던 것이다.

그녀는 자식의 운명에 대한 천사의 설명을 듣고 '몹시 놀랐으며', 그 말의 의미를 '알아차리기 위해' 애썼다.(누가 1:29) 성전에 예수를 바쳤을 때 시므온이 덧붙인 알 수 없는 '말을 듣고서 깜짝 놀랐다.'(누가 2:33) 그 12살짜리 소년이 성전에서 그녀와 요셉에게 자신을 찾을

필요가 없었다고 말했을 때 '그들은 그 말이 무슨 뜻인지를 깨닫지 못하였다.'(누가 2:50)

마리아는 이해하기 위해 애를 썼음에도 불구하고 이해하지 못했다. 마리아는 '이 모든 말을 고이 간직하고 마음 속에 곰곰이 되새겼다.'(누가 2:19) 말할 것도 없이 예수가 자신을 맞아들이길 거부했을 때에도 그와 비슷한 괴로운 의문을 품어야 했다.(마가 3:32)

✣ 예수의 소명

누가에 의하면 예수는 성전에서 부모를 만난 후에, 그들과 함께 나사렛으로 돌아가 '그들에게 순종하면서 지냈다'(누가 2:51)고 한다. 하지만 그곳에 얼마 동안 머물었는지에 대한 언급은 전혀 없다. 만약 예수가 다시 사람들 앞에 나섰을 때가 '서른 즈음'이었다면 사춘기는 물론 대략 20대의 청년기까지 그곳에 머물러 있었을 것이다. 그 시기에 예수는 혼인을 했을까? 유대교 청년으로서 혼인은 당연한 일이었으며 특히 순종적인 인물이라면 더욱 그랬을 것이다.

그래서 성서학자들은 비록 바울이 편지를 쓸 무렵에는 혼자가 되어 있었지만, 바리새인으로 생활할 때는 결혼한 상태였을 것이라고 추정한다. 바울의 아내는 죽었거나, 그를 떠났거나, 혹은 유대교 법에 의해 버림받았을 것이다.

하지만 예수는 바울처럼 바리새인의 교육은 받지 않았다. 그는 유대교 체제에 비판적이었던 급진적 금욕주의 운동을 통해 성직 활동을 시작했다. 그는 에세네와 침례교도처럼— 광야에서 외치는 소리로서(마가 1:3)— 독신을 최고의 계율로 따르는 외딴 은둔지로부터 세상에 왔다.

쿰란 수도자들을(사해문서[6]의 보관자들) 포함한 다양한 에세네파들은 (로마의 앞잡이인 헤롯이 건설한) 재건 성전의 예배의식을 따르지 않았다. 그들은 이스라엘이 타락했다며 통렬히 비난했던 선지자들에 의지하여 진정한 이스라엘을 재건할 수 있다고 믿었다.

그들은 하나님에 의해 별도로 만들어진 나라와도 별개로 떨어져 있는 사람들로서, 성전에서의 예식보다 종말론적인 의미를 지닌 극적인 사건에 훨씬 더 매료되어 있었다. 마찬가지로 예수와 그의 제자들도 그들 선지자들과 뜻을 같이 하여 헤롯의 성전이 멸망할 것임을 예언했다.

예수는 바리새인들보다는 그러한 광야의 수행자들과 학자들에게 히브리어를 배웠을 것이다. 히브리어는 당대의 지식인들이 사용하는 언어였다. 평민들이 사용하던 언어는 그 고장 고유의 아람어였다. 일상생활에서 그들에게 필요한 두번째 언어는 로마가 알렉산더의 그리스 후계자들로부터 물려받은 제국의 언어인 '저잣거리의 그리스어'였다. 대부분의 유대인들이 히브리어를 이해하지 못했기 때문에 그들의 모든 경전을 그리스어로 번역할 필요가 있었기 때문이다.

예수는 빌라도에게 그리스어로 말했을 것이다. 빌라도는 아람어를 몰랐고 예수는 라틴어를 몰랐기 때문이었다. 그의 처음 제자들 중에 라틴어를 이해할 수 있는 사람은 전혀 없었다. 예수는 고향에서 히브리어를 배우지 않았다. 그의 부모와 같은 하층계급 사람들은 일반적으로 히브리어를 몰랐다. 실제로 그의 부모들은 팔레스타인에 거주하던 거의 대부분의 하층민들과 마찬가지로(혹은 고대의 빈민들이 대부분 그랬던 것처럼) 문맹이었을 가능성이 높다.

히브리어를 배우고 성경을 공부하기 위해 그는 신비주의자들을 찾아가야만 했다. 그러므로 기록으로 남겨진 그의 첫번째 관련자가 세례 요한인 것은 자연스러운 일이다. 복음서들에는 그가 지닌 학식으로 주변 사람들을 놀라게 한다는 내용이 거듭 등장하는데, 히브리어에 관한 것들이 가장 먼저 나타난다.(마태 13:34, 마가 1:22, 누가 2:47, 요한 7:15) 광야에서 만난 그의 첫번째 스승들에게는 이러한 지식이 있었을 것이고, 그것을 그에게 전해 주었겠지만, 어부인 그의 제자들에게는 없었던 지식이었기 때문이었다.

네 개의 복음서 모두 예수의 사역의 시작을 세례 요한의 급진적인 개혁운동이라는 맥락에서 찾고 있다. 예수는 동물 가죽으로 만든 거친 옷을 걸치고 자신에게 가까이 다가오는 사람들을 향해 '독사의 자식'(누가 3:7)이라며 독설을 퍼붓는 거친 사람과 함께 행동했다.

만약 젊은 시절의 예수가 자신들을 부양해줄 것이라는 가족들의 희망을 저버리고 광야로 떠났다면, 이러한 가족에 대한 거부가 훗날 그를 향한 적개심의 원인이 되었을 것이다. 그는 영적인 '극단주의자'가 되기 위해 대부분의 사람들이 마음속으로 그리며 동경하는 생활과 단호하게 결별했다. 그가 에세네파의 영적인 은둔으로부터 벗어나 침례파(세례 요한)의 행동주의적인 선언으로 옮겨갔을 때, 그의 가족들은 더욱 심각한 혼란을 느꼈을 것이다. 어쩌면 그들은 오늘날 아들이나 딸이 사이비 종교에 빠져들었을 때 가족들이 느끼는 것과 같은 심정이었을 것이다.

마태와 누가의 복음서는 예수가 광야에서 체험한 일들이 갖는 의미를 상세하게 설명하고 있다(특히 누가는 예수가 받았던 교육에 가장 관심이 많았다). 그들은 요한에게 세례를 받고 난 이후에 예수가 겪었던 시험들을 묘사하고는 있지만, 서술방식은 광야에서 마주친 사탄이라는 단 하나의 사건을 상징으로 삼아, 그가 사춘기와 청년기에 겪었던 정신적 탐구의 전 과정을 축약해놓았음이 분명하다.

예수에게 제시된 세 가지 도전을 통해, 복음서들은 그가 깊이 숙고해야만 했던 힘겨운 '진로 선택'의 과정을 보여주고 있으며, 예수가 그것들을 모두 거부했음을 밝히고 있는 것이다. 예수는 치열한 내적 성찰과 자기 시험을 통해 진정한 소명에 도달한 것이다. 그가 겪은 시험(*peirasmos*)들은 에세네파가 종말론적 신학을 통해 사유하고 고대했던 세속적 고통을 반영하는 것이다. 훗날 예수 자신도 그 시험들은 무시무시한 마지막 심판의 시간에 끝날 것이라고 설명한다. 그를 따르는 사람들은 그 시험에 빠지는 시련을 당하지 않도록 기도해야만 하는 것이다.(마태 6:13, 누가 22:46)

개인적인 시련을 겪으면서, 훗날 겟세마네 동산에서 직접 실험해 보았듯이 그는 다른 사람들이 시련에 들지 않도록 보호해줄 도구들을 얻게 되었다. 외롭고 호된 자신의 시련에 맞서면서 그는 이미 그들을 구원할 수 있다는 생각을 갖게 되었던 것이다. 자신의 소명을 알게 된 광야에서의 시험은 그 자신의 성장만을 상징하는 것은 아니었다. 그것은 그의 공적인 생애가 시작되는 지점에서 모든 인류의 무거운 짐을 대신 지고 온전하게 구원을 베풀게 될 그의 역할을 상징적으로 보여주는 것이다.

광야에서 겪었던 세 가지 시험은, 일부로 전체를 드러내는 일종의 제유提喩로서, 겉으로 보이는 그의 사역 이면에 숨어 있는 극적인 사건이다. 그 시험들이 지닌 미묘함 때문에 쉽게 이해할 수 없는 것일 뿐이다.

각각의 시험들은 분명 예수의 진정한 사명을 아주 조금씩, 그러나 결정적으로 왜곡시켜 놓은 것들이다. 만약 사탄이 예수로 하여금 그렇게 훼손된 소명을 받아들이도록 만들었다면 그 세속의 왕자는 역사를 계속 지배할 수 있었을 것이다.

예수가 하나님의 뜻을 올바르게 받아들일 것인가에 모든 것이 달려 있었던 것이다.

❖ 첫번째 시험

"사탄이 예수께 말하였다. '네가 하나님의 아들이거든, 이 돌에게 빵이 되라고 말해보아라.'"(마태 4:3)

가난한 자를 위한 빵은 예수가 인류에게 가져온 하늘나라를 바라보는 방법 중 한 가지이다.

자기 아들의 운명에 대한 마리아의 선언(성모 마리아의 찬가)에는 이러한 내용이 담겨 있다: '주린 사람들을 좋은 것으로 배부르게 하시고, 부한 사람들을 빈손으로 떠나보내셨습니다.'(누가 1:53)

네 개의 복음서는 한결같이 예수가 기적적으로 엄청나게 많은 사람들에게 빵을 먹였음을 밝히고 있다.(마태 14:21, 마가 6:44, 8:8, 누가 9:14, 요한 6:10)

예수는 제자들에게 가난한 자들을 먹여야 한다고 했으며, 그렇게 하지 못한다면 자신을 굶기는 것과 같다고 했다.(마태 25:42-45)

만약 이러한 모든 것들이 사실이라면, 예수는 왜 생명 없는 돌덩이로 생명을 줄 수 있는 빵을 만들어보라는 사탄의 권유를 거부했던 것일까? 그렇게 하는 것이 예수에게 어울리는 일이었을 것이라 말하는 사람들도 있다. 정치적 좌파들은 기독교 사회주의라는 관점에서 그렇게 생각한다. 또 정치적 우파들은 가난한 사람들을 먹여 살리는 신의 섭리에 의한 보이지 않는 손(시장)이라는 관점에서 그렇게 생각한다.

하지만 예수는 그런 고상한 정치술을 인류에게 주기 위해 온 것이 아니다. 세속적인 굶주림을 만족시키기 위해 스스로를 제한하는 종교는 하나님의 나라라는 위대한 약속, 즉 심판이라는 하나님의 정의(*dikaiosynē*)를 막아버리는 것이다. 그렇게 하는 대신 그는 이렇게 말한다. "하나님의 심판에(의에) 주리고 목마른 사람은 복이 있다. 그들이 배부를 것이다."(마태 5:6)

예수는 사회 개혁가가 아니다. 세례 요한은 고대 예언자에게 부여된 특성을 따랐던 개혁가였다. 요한은 종교 지도자들에게는 거만해지지 말 것을, 세리들에게는 부정한 이득은 취하지 말 것을, 군인들에게는 더 많은 봉급을 위해 남의 것을 강탈하지 말 것을 권면했다.(누가 3:7-14) 그는 다가올 심판을 경고했지만, 그에게 주어진 과업은 모두 예비적인 것이며 그의 세례는 오직 하늘의 법에 따른 정화 의식을 강화하는 것일 뿐이다. 예수는 물이 아닌 불로써 세례를 베풀게 될 것이다.(누가 3:16) 그 불은 하늘에서 올 것이며 완전히 새로운 수준의 삶을 펼치게 할 것이다.

마르크스는 종교가 천상의 희망들로 사람들을 중독시켜 현재 이 땅을 이롭게 할 일들을 해야 할 필요성을 빼앗아 간다고 했다. 세속적인 욕구들을 만족시켜주거나, 신성한 열망들을 불필요하게 만들거나, 보다 더 넓은 시야를 막아버리는 것과 같이, 종교가 마약이 될 수 있는 방법들은 그 외에도 더 많이 있다. 예수는 약속한 것보다도 못한 영광에 하나님 아버지를 머물게 하는 그 어떤 일에도 만족하지 않을 것이다.

그러므로 첫번째 시험에 대해 이렇게 대답한다. "성경에 기록하기를 '사람이 빵만 먹고 사는 것이 아니다' 하였다"(누가 4:4)

❖ 두번째 시험

사탄은 서서히 탐색의 정도를 더해간다. 만약 예수가 육체적 만족만큼이나 정신적 위대함을 원한다면, 어떤 영적 기쁨을 세상에 약속할 것인가?

'그랬더니 악마는 예수를 높은 데로 이끌고 가서, 순식간에 세계 모든 나라를 그에게 보여주었다. 그리고 나서 악마는 그에게 말하였다. "내가 이 모든 권세와 그 영광을 너에게 주겠다. 이것은 나에게 넘어온 것이니, 내가 주고 싶은 사람에게 준다. 그러므로 네가 내 앞에 엎드려서 절하면, 이 모든 것을 너에게 주겠다."'(누가 4:5-7)

사탄이 제시한 것은 일시적인 권력뿐만이 아니었다. 세계의 모든 나라와 그곳의 '모든 영광'을 함께 주겠다고 말했을 때, 사탄은 인류의 정신에 대한 지배권까지 포함해서 말하고 있는 것이다. 사탄은 실질적으로 중세의 교황에 버금가는 권력을 예수에게 제시한 것이다. 즉, 세속의 통치와 영혼의 지배라는 '두 가지 칼'을 모두 포함한 권력이다.

일반적으로 지금은 교회가 국가를 지배할 수 없게 되어 있지만, 중세 시대에는 그 두 가지 권력을 함께 행사했으며, 그 중에서도 가장 심각한 타락상을 보이며 보다 더 나쁜 위협이 되었던 것은 영혼의 지배였다. 그 결과로 교황들은 성사 수여 금지(그들은 통제하기 원하는 모든 땅에서 이루어지는 모든 성사를 금지했다)를 통해 영혼을 말살하기 시작했으며, 돈만 낸다면 연옥의 고통에서 면죄시켜 줄 수도 있다는 자만을 갖게 되었던 것이다. 이러한 일이야말로 아버지의 집을 장사하는 집으로 만드는 것이며(요한 2:16) 강도들의 소굴로 만드는 것이었다.(마가 11:17) 교황들은 예수가 자신의 첫번째 제자들이 남들보다 더한 권위를 가지려고 할 때나, 맨 뒤에 있어야 할 때 가장 앞에 있으려 하거나, 바리새인들처럼 행동하려 할 때 가장 엄격하게 대했다는 사실을 잊었던 것이다.

> 그러나 너희는 랍비라는 호칭을 듣지 말아라. 너희의 선생은 한 분뿐이요, 너희는 모두 형제자매들이다. 또 너희는 땅에서 아무도 너희의 아버지라고 부르지 말아라. 너희의 아버지는 하늘에 계신 분, 한 분뿐이시다. 또 너희는 지도자라는 호칭을 듣지 말아라. 너희의 지도자는 그리스도 한 분뿐이시다.
> 너희 가운데서 으뜸가는 사람은 너희를 섬기는 사람이 되어야 한다. 자기를 높이는 사람은 낮아지고, 자기를 낮추는 사람은 높아질 것이다.(마태 23:8-12)

그러므로 예수는 두번째 시험에 대해 이렇게 대답한 것이다. "성경에 기록하기를 주 너의 하나님께 경배하고, 그분만을 섬겨라."(누가 4:8)

✛ 세번째 시험

마태는 세상의 모든 나라를 주겠다는 것을 가장 결정적인 제안으로 여겨, 누가가 가장 중요하게 생각했던 제안을 두번째 자리에 위치시켰다. 누가의 해석이 그 두 가지 제안 사이의 미묘한 차이를 보다더 분명하게 설명해주고 있다. 마태는 통치를 가장 최고의 제안으로 생각했지만, 그 점에선 누가가 보다 더 확실히 이해하고 있었던 것이다. 그는 사탄과 마찬가지로, 신성한 부르심에 대한 예수의 확고한 의식이 사탄의 가장 위험한 요구라고 보았던 것이다.

그래서 악마는 예수를 예루살렘으로 이끌고 가서, 성전 꼭대기에 세우고, 그에게 말하였다. "네가 하나님의 아들이거든, 여기에서 뛰어내려 보아라. 성경에 기록하기를, '하나님이 너를 위하여 자기 천사들에게 명해서, 너를 지키게 하실 것이다. 그들이 손으로 너를 떠받쳐서, 너의 발이 돌에 부딪히지 않게 할 것이다' 하였다."(누가 4:9-11)

사탄은 이 우주상에서 자신의 권력에 진정한 위협이 되는 것은 예수가 열망할 수도 있는 세속적인 통치 같은 것이 아니라, 자신이 아버지 하나님과 특별한 관계에 있다고 생각하는 그의 의식임을 알고 있었다. 만약 예수로 하여금 세속적인 통치를 기대하게 만들거나, 그것과 아버지 하나님께 복종한다는 생각을 분리시킬 수만 있다면, 사탄은 자기 자신의 권리로 하나님처럼 될 수 있을 것이라고 생각했던 이브의 주제넘은 생각을 예수도 갖도록 만들어, 결국 아버지 하나님을 패배시키는 것이다.

사탄은 한 인간의 타락으로 인류를 타락시킬 수 있는 것이다. 요한의 복음서에 등장하는 예수는 이러한 위험을 인식하고 있었으며, 그것을 피했다. 그 자신이 가진 신성은 하나님 아버지 안에서의 신성이며, 따로 떨어질 수 없는 것이었다. 그는 하나님과 너무나도 가까운 일체감을 갖고 있었기 때문에 절대 하나님 아버지를 시험하려 하지 않을 것이었다. 그 때문에 그 자신이 시련에 빠져들기도 할 것이다. 요한의 복음서에서 그는 이렇게 말한다.

"내가 진정으로 진정으로 너희에게 말한다. 아들은 아버지께서 하시는 것을 보는 대로 따라 할 뿐이요, 아무것도 마음대로 할 수 없다. 아버지께서 하시는 일은 무엇이든지, 아들도 그대로 한다. 아버지께서는 아들을 사랑하여, 하시는 일을 모두 아들에게 보여 주시기 때문이다."(요한 5:19-20)

그러므로 세번째 시험에 대해 예수는 이렇게 대답한다. "성경에 기록하기를 '주 너의 하나님을 시험하지 말아라' 하였다."(누가 4:12)

예수가 자신의 진정한 소명에 이르렀을 때 거부했던 것은, 모든 종류의 '값싼 구원'이었다. 도스토예프스키는 이 일화에 관한 자신의 유명한 명상[7])에서 스페인의 대심판관으로 하여금, 추종자들을 고결한 고립 — 예수는 그것을 감당할 수 있지만 추종자들은 할 수 없는 — 으로부터 벗어나게 해주는 방편으로써 값싼 구원을 받아들이지 않았던 것을 비난하게 했다. 수많은 고통과 엄청난 괴로움 속에 싸여 있는 삶을 견뎌낼 수 있는 하나의 방편으로 예수는 그들에게 빵과 기적과 권세를 주었어야 했다는 것이다.

하지만 예수는 앞으로 거쳐야 할 시간 속에 놓여 있는 길을 평탄하게 할 방편으로, 삶을 견딜 만한 것으로 만드는 일은 전혀 원치 않았다. 그는 추종자들이 시간을 뛰어넘어, 개선되어야 할 무딘 정신적 능력을 가진 자신들에게 닥칠 아버지의 심판이 가져올 일들을 적나라한 현실에서의 일들로 볼 수 있게 되기를 원했다.

광야에서의 유혹은, 아버지가 그에게 무엇을 원하는지, 그리고 그의 이름으로 남들에게 무엇을 요구해야 하는지에 대한 인식이 더욱 깊어졌다는 것을 극적으로 표현하고 있다. 위대한 인물들은 종종 매혹과 혐오 속에서 소명에 대해 번민하면서, 어렴풋하던 그것들을 명쾌하게 만들어가는 청년기를 겪곤 한다. 역사학자 아놀드 토인비는 위대한 인물의 형성에 나타나는 이러한 경향을 '후퇴와 복귀'로 일반화시켜 정의했다.

예수의 경우 보다 적절하게 고려해야 할 점은, 선택된 땅을 향해 40년 동안 나아갔던 유대 민족이 황야에서 겪었던 시련과 유사하다는 점이다. 그러한 점이 누가에 의해 예수의 40일간의 고난이라는 특별한 서술로 모양새를 갖춘 것이다. 배고픔과 극기를 알게 해준 가장 중요한 영적 형성 과정을 거치고 난 후, 천사들은 비로소 더욱 강해지고 편안해진 그에게 음식을 가져다준다.(마태 4:11) 그것은 이스라엘 사람들이 사막에서 만나를 먹었던 것과 같은 일이다.

예수는 이제 자신의 위대한 과업에 필요한 정신적 단련을 받고 더욱 강인해졌다. 시험과 인격 형성의 시간은 흘러갔으며 광야의 고난은 끝났다. 그것이 바로 감추어진 시간들의 의미인 것이다.

▌ 주 ▌

1) 아르투로 마르티니(1889~1947) 이탈리아의 조각가. 제1 · 2차 세계대전 때 활동했으며, 폭넓고 다양한 양식과 재료로 구상 조각을 만들었다. 1931년 로마에서 열린 제1회 콰드리엔날레에서 조각 부문 대상을 받았다. 대표 작품으로는 《헤엄치는 소녀》가 있다.

2) 단테 가브리엘 로제티(1828~1882) 영국의 화가 · 시인. W.H. 헌트와 더불어 '라파엘 전파'를 결성했다. 그의 작품은 정열 · 색채감 · 중세적인 주제와 분위기가 있으며, 신비적이면서도 육감적인 시를 썼다. 초기 유화 작품인 〈성모 마리아의 처녀 시절〉와 〈수태고지〉는 정교한 상징적 표현을 보여준다. 그러나 〈수태고지〉는 1850년에 전시되었을 때 혹평을 받았고, 그 결과 그는 더 이상 대중 앞에 그림을 공개하지 않았으며, 유화 대신 수

채화를 선택했다. 대표작으로는 《청순한 처녀》, 《시스터 헬렌》 등이 있다.

3) 로렌초 로토(1480~1556) 르네상스 시대의 이탈리아 화가. 인물의 성격을 날카롭게 포착한 초상화와 종교적 주제를 다룬 신비스러운 분위기의 그림으로 유명하다. 〈성모와 순교자 성 베드로〉, 〈줄리아노의 초상〉 등의 대표작이 있다.

4) 기독교에서는 백합을 '성모의 꽃'이라 부르며, 마리아의 고고함과 순결을 상징한다. 부활절에 빼놓을 수 없는 꽃으로, 르네상스 시대엔 〈수태고지〉 등의 종교화에 항상 등장했다.

5) 로렌초 베네치아노(?~1379) 이탈리아 화가. 르네상스 시대에 회화적인 색채주의를 추구했던 베네치아 화파에서 활동했다.

6) 1947년 2월 잃어버린 염소를 찾아다니던 베두인 소년이 한 동굴에서 가죽 두루마리가 들어 있는 높이 64.8~75cm, 지름 75cm 정도의 항아리들을 발견했다. 그 곳에서 《이사야서》, 《레위기》, 《사무엘서》의 단편들과 외경에 속하는 《에녹서》, 《다메섹의 새 언약 규정》, 《훈련고법서》 등의 사본이 발견됐다.

7) 《카라마조프가의 형제들》에 나오는 이반의 명상을 가리킨다. 서문의 주)4 참조.

제2장
사역을 시작하다

✢ 세례 요한

예수는 세례 요한을 따르는 제자로서 세상에 그 모습을 나타냈다. 그 자신의 고유한 사명은 요한의 사명과 영속적으로 한데 엮여 있다. 그들의 엇비슷한 출생 이야기나 로마인에게 처형된 죽음 이야기가 그러한 사실을 상징적으로 보여준다. 그들은 거의 비슷한 시기에 태어난(요한이 여섯 달 먼저 태어났다) 친척이었다. 하지만 요한은 '나보다 더 능력이 있는 이가 내 뒤에 오십니다'라고 인정한다.(마가 1:7) 요한이 자신은 예수에게 세례를 줄 만한 인물이 아니라며 고사할 때, 예수는 그를 이렇게 납득시킨다. "지금은 그렇게 하도록 하십시오. 이렇게 하여, 우리가 모든 의를 이루는 것이 옳습니다."(마태 3:15) 보통 그러한 과정 — 요한의 울타리로부터 서서히 벗어나는 예수의 — 은 하나의 사건으로 극적으로 표현된다.

요한은 광야에서의 고행과 예수의 본격적인 사역에 필요한 완전한 자유 사이에 놓여 있는 간이역이다. 요한은 자신의 제자에게 다가오고 있는 엄청난 운명을 인식하고 있었지만, 다른 많은 선생들과 달리 이러한 성장을 견제하지 않고 오히려 격려했던 것이다.

예수의 그 다음 행로는 분명 요한을 당혹스럽게 만들 것이었다. 실제로 예수는 초기의 고행 수도로부터 멀어져 갔을 뿐만 아니라, 잘 알려진 것처럼, 아주 빨리 그리고 너무나도 쉽게 속세의 사람들과 뒤섞였다. 그가 단순히 요한처럼 단식을 하지 않았다는 것을 말하는 것이 아니다. 그는 전통적인 식사 관습마저도 따르지 않았던 것이다. 그는 죄인들, 창녀들, 그리고 로마의 부역자들과 함께 식사했다.

그러한 행동에 대해, 나태한 태도를 엄격히 징벌하며, 끊임없이 속죄라는 고결한 태도를 지키며 살아온 요한의 사명을 배신하는 것이라 여기는 사람들도 있었다. 일찍부터 불만의 소리가 들려오기 시작했으며, 그가 도시의 사제들은 물론 광야에서 활동하던 요한과도 전혀 다른 길을 가면서 그 불만의 정도는 더욱 더 강해졌다.

"사람들이 예수께 말하였다. '요한의 제자들은 자주 금식하며 기도하고, 바리새파 사람의 제자들도 그렇게 하는데, 당신의 제자들은 먹고 마시는군요.' 예수께서 그들에게 말씀하셨다. '너희는 혼인 잔치의 손님들을, 신랑이 그들과 함께 있는 동안에 금식하게 할 수 있겠느냐? 그러나 신랑을 빼앗길 날이 올 터인데, 그 날에는 그들이 금식할 것이다.'"(누가 5:33-35)

예수는 자신과 관련된 이야기들을 모두 알고 있었으며, 그 이야기들을 스스로 이렇게 요약했다. "인자는 와서, 먹기도 하고 마시기도 하니, 너희가 말하기를 '보아라, 저 사람은 먹보요, 술꾼이요, 세리와 죄인의 친구로구나' 한다."(누가 7:34)

예수에게 있어 먹보이며 술꾼이라 불리는 일은 결코 가벼운 비난이 아니었다. 그것은 레위의 율법에 근거한 비난이었다. 신명기 21장 20절에는 지파의 관습에 반항하는 아들을 그렇게 묘사하고 있으며, 지파의 장로들 앞으로 끌고 가서 돌로 쳐 죽일 수 있는 처벌의 근거가 되는 것이었다. 예수가 그처럼 너무 급진적이었으므로 처형할 필요가 있었던 것이다.

결국 예수와 관련된 소식들은 요한마저도 혼란스럽게 만들었다. 그는 과연 어떤 의도를 품고 있는 것일까? 그는 여전히 자신이 부여해준 메시아로서의 희망을 보여줄 수는 있기나 한 것일까? 그는 자신의 제자 두 명을 보내 예수의 의중을 살피도록 했다.

그 사람들이 예수께 와서, 말하였다. "세례자 요한이 우리를 선생님께로 보내어 '선생님이 오실 그분입니까? 그렇지 않으면, 우리가 다른 분을 기다려야 합니까?' 하고 물어보라고 하였습니다." 예수는 예언자들이 말했던 메시아의 증거들을 인용하여 대답했다. "가서, 너희가 보고 들은 것을 요한에게 알려라. 눈먼 사람이 다시 보고, 다리 저는 사람이 걷고, 나병환자가 깨끗해지고, 귀먹은 사람이 듣고, 죽은 사람이 살아나고 가난한 사람이 복음을 듣는다. 나에게 걸려 넘어지지 않는 사람은 복이 있다."(누가 7:22-23)

요한의 제자들이 떠난 뒤에, 예수는 자신과 요한의 관계에 대해 명확하게 설명한다.

"너희는 무엇을 보러 광야에 나갔더냐? 바람에 흔들리는 갈대냐? 아니면, 무엇을 보러 나갔더냐? 비단 옷을 입은 사람이냐? 화려한 옷을 입고 호사스럽게 사는 사람은 왕궁에 있다. 아니면, 무엇을 보러 나갔더냐? 예언자를 보려고 나갔더냐? 그렇다. 내가 너희에게 말한다. 그는 예언자보다 더 위대한 인물이다. 이 사람에 대하여 성경에 기록하기를, '보아라 내가 내 심부름꾼을 너보다 앞서 보낸다. 그가 네 앞에서 네 길을 닦을 것이다' 하였다. 내가 너희에게 말한다. 여자가 낳은 사람 가운데서, 세례자 요한보다 더 큰 인물은 없다. 그러나 하나님 나라에서는 가장 작은 자라도 요한보다 더 크다."(누가 7:24-28)

하나님 나라. 그것이 바로 예수가 인류에게 가져온 것이다. 그것은 그가 신랑으로 참석하고 있는 결혼식이며, 그 결혼식에서 그는 버림받아 헐벗은 자신의 동료들과 함께 축하하고 있는 것이다. 그렇다면 하나님 나라는 무엇일까?

✤ 다른 이들을 부르다

스스로 세례 요한의 제자들로부터 멀어지면서 예수는 자신을 중심으로 자신만의 집단을 형성하기 시작했다. 그는 광야의 사람들 대신 노동자 계급에서 사람들을 불러 모았다. 첫번째 제자들은 광야의 고행자들이 아닌 어부와 배우지 못한 자, 기혼자들이었다. 그들은 그의 분명한 신성에 이끌렸다. 그는 근원적으로 그리고 진정한 의미로 하나님의 은총을 받은 카리스마 넘치는 자비로운 사람이었다. 이러한 매력의 근원은 무엇이었을까?

우리는 예수의 생김새에 대해 모른다. 유대인이므로 유대 남자처럼 생겼을 것이라고 추측할 뿐이다. 하지만 정해진 한 가지 유형(혹은 판에 박은 듯한)의 유대인만 있는 것이 아니므로 그것으로도 제대로 설명할 수 없다. 오로지 가장 완벽한 인간의 형상을 한 사람만이 하나님의 말씀을 담을 수 있을 것이라 추정하는 사람들도 있다. 하지만 완벽한 인간에 대한 생각도 각양각색이기 때문에 그것 또한 그다지 도움이 되질 않는다. 근육질의 우아하고 완벽한 몸매를 가진 사람이었을까? 아니면 보다 더 감성적이고 시적인 사람이었을까? 그가 남성적인 모든 특성을 가장 완벽하게 갖춘 남자였을 것이라고 생각하는 사람들도 있다. 그가 남성과 여성의 모든 장점들만을 결합하여 완벽한 인간다움을 드러냈을 것이라고 여기는 사람들도 있다.

나는 아폴로 벨베데레[1]를 그리스도화하고, 그를 예수로 부르려는 것과 같은 시도는 우리들을 잘못된 길로 이끌어가는 것이라고 생각한다.

체구는 작고 약하지만, 자신들의 육체적 외모를 영적인 능력으로 압도하는 성스러운 인물들은 드물지 않다. 성 프란시스나 발 셈 토브 혹은 퀘이커교의 안토니 베네젯 등 많은 성인聖人들의 경우가 그러했다. 사람들은 본능적으로 그런 성인들처럼 신체적인 고통을 겪고 있는 사람들에게 동료의식을 갖게 된다. 그들에게서 뿜어져 나오는 에너지가 일정 정도 그들을 소모시키는 것이다. 그들은 갇혀 있는 불길과 함께 타올랐으며 그들은 그 불 속에 있는 것이다. 체스터턴은 이렇게 말한다. "성 프란시스는 실처럼 가냘프지만 활시위처럼 생기가 넘치는 자그마한 사람이었다. 겉모습은 바람결에 끝없이 춤추듯 흔들리는 가을날의 색 바랜 나뭇잎 같았다. 하지만 진실은 바로 그가 바람이었다는 것이다."

상처받은 사람들은 소화기 호스에서 터져나오는 듯이 쾌활한 TV 전도사의 그럴싸한 목소리나, 과도할 정도로 건강한 사람들에겐 이끌리지 않는다. 사람들은 본능적으로 예수에게 이끌렸다. 그는 분명 고통이 무엇인지 알고 있었으며, 말로 표현하기 전에 그들의 눈을 바라보는 것만으로도 그들의 개인적인 고통을 알고 있었다. 하나님은 고통받는 자들을 선택하셨고, 그들의 내면에 숨겨진 밝은 빛은 그것을 담고 있는 연약한 육신으로 인해 더욱 강렬하게 빛난다.

예수가 무척이나 강건했다거나 작업반장 혹은 남을 잘 설득하는 세일즈맨 같았을 것이라 생각하는 것은 십자가 형을 받을 때, 통상적인 것이었음에도 불구하고, 자신의 십자가를 지고 가지도 못할 만큼 약했었다는 사실과 어긋난다.(누가 23:26)

함께 형을 집행당했던 다른 두 사람보다 예수가 그렇게 일찍 죽었다는 사실에 빌라도는 깜짝 놀랐다.(마가 15:44) 엔도 슈샤쿠의 소설 《침묵》에서는, 17세기의 일본에서 금지된 종교를 전도했다는 이유로 체포된 포르투갈 성직자가 쉴 수도 없고, 먹을 것도 없는 길로 홀로 내몰리게 된다. 진흙탕으로 몸을 기울였을 때, 그는 물속에서 자신을 응시하고 있는 한 얼굴을 보게 된다. 그는 이전에 신학교에서 생활할 때 피에로 델라 프란체스카가 그린 아름다운 예수의 얼굴을 보며 많은 위로를 받았다고 말하곤 했었다. 하지만 그는 끔찍한 장면을 보게 된 것이다. 공포에 질려 나약하고, 턱수염에 더러운 얼룩이 잔뜩 묻어 있는 얼굴을. 그는 몰랐지만 엔도는 그 글을 읽고 있는 독자들에게, 그가 바로 예수의 얼굴을 바라보고 있는 것임을 알게 해준다.

나는 예수가 마치 존 웨인처럼 거칠고 감정을 드러내지 않는 마초

같은 이미지였을 것이라고 가정하는 것을 가장 설득력이 없다고 생각한다. 복음서에 두 번 언급되어 있는 예수와 달리 존 웨인은 울지 않는다.(누가 20:41, 요한 11:35) 성전을 정화할 때처럼 분노에 휩싸여 분연히 떨쳐 일어날 때마저도, 그 분노는 쉽게 동요하지 않는 사람이 보여주는 가슴 터질 듯한 폭발이며, 감동을 위해 근육에 의존하지 않는 뜨거운 순수인 것이다. 평상시에 조용하던 사람이 갑작스럽게 폭발하는 것보다 더 간담을 서늘케 하는 것은 없는 법이다.

그렇다면 그를 자신의 두 눈에 미래를 담고 있는 사람, 신비함 속에 고요한 사람, 역설적이게도 매우 차분하면서도 남들을 자극하는 사람으로 그려보는 것은 어떨까. 바로 플래너리 오코너[2]가 묘사했듯이 '누더기를 걸치고 사람들의 마음 뒤편에 있는 나무와 나무를 오가는 사람'으로 예수를 그려보자. 그는 바로 세례 요한의 일행을 따르도록 한 사람이다.

다음날 요한이 다시 자기 제자 두 사람과 같이 서 있다가, 예수께서 지나가시는 것을 보고서 "보아라, 하나님의 어린 양이다" 하고 말하였다. 그 두 제자는 요한이 하는 말을 듣고, 예수를 따라갔다. 예수께서 돌아서서, 그들이 따라오는 것을 보시고 물으셨다. "너희는 무엇을 찾고 있느냐?" 그들은 "랍비님, 어디에 묵고 계십니까?" 하고 말하였다(랍비는 선생님이라는 말이다). 예수께서 그들에게 대답하셨다. "와서 보아라." 그들이 따라가서, 예수께서 묵고 계시는 곳을 보고, 그 날을 그와 함께 지냈다. 때는 오후 네 시쯤이었다. 요한의 말을 듣고 예수를 따라간 두 사람 가운데 한 사람은, 시몬 베드로와 형제간인 안드레였다. 이 사람은 먼저 자기 형 시몬을 만나서 말하였다. "우리가 메시아를 만났소." 그런 다음에 시몬을 예수께로 데리고 왔다.(요한 1:35~42)

처음에 예수는 한 명씩, 한 명씩 가려 뽑은 사람들을 모았다. 비록 그는 전쟁이나 폭력을 반대했지만, 일종의 정신적인 전투 대형으로 제자들을 선택했다(나중에 성 바울이 사용하게 될 은유): "너희는 내가 세상에 평화를 주려고 온 줄로 생각하지 말아라. 평화가 아니라 칼을 주려고 왔다."(마태 10:34) 이러한 병력 모집의 드라마는 체스터턴의《백마의 발라드》에서 알프레드 대왕이 (전혀 다른) 한 무리의 전사들을 모았던 방법을 떠올리게 한다.

그래서 나는 무너져 내린 길과 들판 그리고 늪에서
기독교도 사내들을 모으러 갔다.
전투에서 죽기 위해, 하나님은 그때가 언제인지 알고 있다.
하나님의 손으로, 하지만 나는 그 이유를 알고 있다.

예수는 처음에는 그들에게 자신이 누구이며 무엇을 하는 사람인지 전혀 알려주지 않는다. 대신 그들이 어떻게 될 것인지를 말해준다. 즉, 어부들에게는 사람을 낚는 어부가 될 것이며(마태 4:19) 베드로에게는 반석이라 불리게 될 것이며(요한 1:42) 나다나엘에게는 하늘이 열리는 것을 보게 될 것이라(요한 1:51)고 말해준다.

베드로는 자기 동생에게 세례 요한의 제자에 관한 이야기를 듣고 따라나서게 되었다. 하지만 그를 확고한 제자가 되도록 만들었던 것은 어느 날 있었던 고기잡이와 관련된 사건 때문이었다. 가르침을 시작하던 초기에, 예수는 말씀을 들으려는 무리에 밀려 호숫가에 서게 되었다. 그는 텅 비어 있는 베드로의 배를 보고, 그 위로 올라가 배를 뭍에서 조금 떼어 놓게 한 다음 그곳에서 무리들에게 설교했다. 설교를 마친 후 그는 베드로에게 호수 한가운데로 나아가 고기를 잡으라고 했다.

베드로는 방금 전에 이미 고기잡이를 끝냈으며 고기를 전혀 잡지 못했다고 설명했다. 하지만 예수는 자신의 뜻을 굽히지 않았다. "많은 고기를 잡으려면, 깊은 데로 나아가라."(누가 5:4) 마침내 그들이 그물을 끌어 올렸을 때, 다른 배들을 불러 도와달라고 해야 할 만큼 엄청난 고기떼가 걸려들자 베드로는 무릎을 꿇고 말했다. "주님, 나에게서 떠나주십시오. 나는 죄인입니다."(누가 5:8) 그러한 경외심은 예수의 존재 앞에서는 당연한 것이었다. 자신들의 집단에 너무나도 좋은 어떤 권능이 그들 가운데 밀려들어왔던 것이다.

하지만 예수는 놀랍게도 그 어떤 집단도 자신의 존재보다 낮지 않다고 끊임없이 말하고 있다. 그리고 그가 베드로에게 했던 말은 바로 우리들 모두에게 건네는 말인 것이다. "깊은 데로 나아가라." 단조로운 일상을 벗어버려라. 예상치 못했던 부유함을 가져오리라.

그가 사람들을 자기 주변으로 모이게 했던 것은 그의 말보다 그가 보여준 행동들이었다. 초월적인 신성을 지닌 사람들은 무엇보다 먼저 불가사의한 일들을 보여주며 등장한다. 프란시스나 발 셈 토브의 경우처럼 사실보다 전설이 앞서 등장한다. 예수의 등장은 바로 정화였다. 아픈 사람들은 부정하므로 그들 속에 악마들이 살고 있는 것이라고 생각했던 시대에, 예수는 병으로 괴로워하고 있는 사람들을 받아들이고 양육하여 그들을 인간들의 사회로 돌아갈 수 있게 했다.

✣ 부정한 자들

그는 마치 거미줄을 치우듯 사회적 장벽들과 금기들을 헤치며 나아갔다. 일반인들은 물론 남을 가르치는 사람들도 피하게 되어 있는 것들을 그는 순순하게 받아들여 수용했으며, 그 때문에 그 문화권에서 관습을 지키며 살아가는 사람들을 격노케 했다. 예를 들어, 생리하는 여인들은 부정하다 여겨져, 정화되기 전에는 성전에 갈 수 없었다. 그들은 다른 사람들을 더럽힐 것이기 때문에 음식 장만이나 빨래 같은 다른 이들과 접촉해야 하는 일은 할 수 없었다. 그러므로 누가의 복음서(8:43)에서 보듯이 열두 해 동안 혈루증을 앓고 있던 여인은 영원히 쫓겨나 있어야만 했다. 그 여인은 교회로부터 예식 참여 금지의 벌을 받고 있는 사람보다 더 철저하게 종교 생활로부터 배척되었다. 레위기 15장 25-27절에 따르면,

어떤 여자가 자기 몸이 월경 기간이 아닌데도, 여러 날 동안 줄곧 피를 흘리거나, 월경 기간이 끝났는데도, 줄곧 피를 흘리면, 피가 흐르는 그 기간 동안 그 여자는 부정하다. 몸이 불결한 때와 같이, 이 기간에도 그 여자는 부정하다. 그 여자가 피를 흘리는 동안 눕는 잠자리는 모두, 월경 기간에 눕는 잠자리와 마찬가지로 부정하고, 그 여자가 앉는 자리도, 월경 기간에 앉는 자리가 부정하듯이, 모두 부정하다. 누구나 이런 것들에 닿으면 부정하다. 그는 옷을 빨고 물로 목욕을 하여야 한다. 그는 저녁 때까지 부정하다.

사마리아 여인들과 만나는 것을 금지하기 위해 유대인들은 그 여인들이 끊임없이 생리를 하고 있다고 주장했다.

74

복음서 속의 여인은 12년 동안이나, 의사들과 정화시켜주는 자들에게 끊임없이 부질없는 호소를 하며 이러한 저주를 견뎌내야 했다. 이제 치료할 수 없다는 절망에 빠진 그녀는 다른 사람들과 접촉해서는 안 된다는 금지령에 과감히 도전한다.

그녀는 예수 주변으로 몰려드는 사람들을 팔로 밀어제치며 다가가 그의 옷자락에 손을 갖다 댄다. 예수는 흠칫 놀라며 "내게 손을 댄 사람이 누구냐?"라고 묻는다. 그 여인은 출혈이 즉시 멈추었음을 알아차렸지만, 접촉을 못하도록 한 금기를 범했다는 사실을 밝히는 것이 두려웠다. 무리들은 모두 예수를 만졌다는 것을 부인했으며, 베드로는 너무 많은 사람들이 에워싸고 있어 누가 그랬는지 밝혀낼 도리가 없다고 했다. 하지만 예수는 거듭 말했다. "누군가가 손을 댔다. 나는 내게서 능력이 빠져 나간 것을, 알고 있다."(누가 8:46) 두려움에 떨던 그 여인은 예수 앞에 엎드려 자신이 그랬음을 밝혔다. 하지만 예수는 화를 내지 않았다. 그는 부드럽게 "딸아, 네 믿음이 너를 구원하였다. 평안히 가거라"(8:48)라고 말해주었다. 의식에 쓰이는 물이 아니라 믿음이 정화시킨 것이다.

예수가 자신을 만지도록 허용한 것은 이 부정한 여인만이 아니었다. 남을 비난하기 좋아하는 바리새파 사람의 집에서 그는 자신의 발에 향유를 발라준, 평판 나쁜 여인을 칭찬했다.(누가 7:39–50) 그의 친구인 마리아가 자신의 발에 향유를 발라주었을 때도, 그의 발을 닦

아주기 위해 머리카락을 늘어뜨렸으므로 그는 부정한 여인과 접촉한 것이었다. 다른 사람 앞에서 일부러 머리카락을 흩뜨리는 것이 그러하듯(민수기 5:18) 사람들 앞에서 머리카락을 늘어뜨리는 것은 그 여인을 부정하게 만드는 행위였다. 유다가 그 여인을 꾸짖었을 때, 예수는 자신이 죽어 부정한 시신이 되었을 때 쓰려고 준비한 것을 그녀가 미리 쓴 것이라 말한다.(요한 12:7)

예수는 기적을 위한 기적은 일으키지 않았으며 그에게 기적을 일으켜달라고 요청하는 사람들을 꾸짖었다.(마태 12:39, 16:4, 마가 8:12, 누가 11:16) 그의 기적들은 자신이 가져올 하늘나라에 대해 가르치는 것을 목적으로 하며, 가장 중요한 가르침 중 한 가지는 바로 사람들을 깨끗한 자와 부정한 자, 가치 있는 자와 가치 없는 자, 존경받는 자와 존경받지 못하는 자로 나누어서는 안 된다는 것이었다. 그는 하나님과 똑같은 형상을 한 자신을 통해 아버지 하나님과 새로운 관계를 맺게 되었으므로 자신의 제자들이 특권을 가진 것이라고 말했다. 하지만 그들이 그 특권을 남들에게 혹은 서로에게 사용하려 한다면 아버지 하나님과의 하나됨을 배신하는 것이라고 했다. 하나님의 사랑은 아무런 차별 없이 모두를 포용하는 것이지 계급으로 나누고 배제하는 것이 아니기 때문이다.

"너희 원수를 사랑하고, 너희를 박해하는 사람을 위하여 기도하여라. 그래야만, 너희가 하늘에 계신 너희 아버지의 자녀가 될 것이다. 아버지께서는, 악한 사람에게나 선한 사람에게나, 똑같이 해를 떠오르게 하시고, 외로운 사람에게나 불의한 사람에게나 똑같이 비를 내려주신다.”(마태 5:44-45)

그의 제자들은 사회의 명사들에게 다가가려 열망하지 않고 버려진 자들을 찾아내려 애썼다.

“네가 점심이나 만찬을 베풀 때에, 네 친구나 네 형제나 네 친척이나, 부유한 이웃사람들을 부르지 말아라. 그렇게 하면 그들도 너를 도로 초대하여 네게 되갚아, 네 은공이 없어질 것이다. 잔치를 베풀 때에는, 가난한 사람들과 지체에 장애가 있는 사람들과 다리 저는 사람들과 눈먼 사람들을 불러라. 그리하면 네가 복될 것이다. 그들이 네게 갚을 수 없기 때문이다. 의인들이 부활할 때에, 하나님께서 네게 갚아 주실 것이다.”(누가 14:12-14)

예수가 일으킨 기적들 중 많은 것들이 유대인이 아닌 로마 백부장이나(누가 7:9) 튀루스(두로)의 여인(마가 7:29) 혹은 사마리아의 나병환자(누가 17:16) 등과 같은 아웃사이더들을 위해 행해졌다. 대부분의 기적들은 유대인들이 접촉조차 않으려고 하는, 문둥병자, 창녀, 불구자, 천덕꾸러기, 이교도 혹은 병으로 인해 부정해진 자들(그로 인해 '귀신 들린 것'이므로)과 같이, 부정한 자들과 관련하여 일어났다. 그는 제자들에게 자신들의 만찬에 '가난한 사람들과 지체장애자들과 다리 저는 사람들과 눈먼 사람들'을 초대하도록 했다.(누가 14:13) 그는 하나님의 형상을 따라 만들어진 사람은 절대 부정한 것으로 취급되어선 안 된다는 것을 보여주기 위해, 한 남자의 몸속에서 부정한 것들을 끄집어내어 금지된 동물인 돼지들 속으로 집어넣었다.(마가 5:13)

예수와 그의 제자들은 부정한 사람들과 함께 어울려 식사를 하기 때문에 스스로 부정한 자들이라고 불렸다.(마태 9:10, 마가 2:15, 누가 5:30, 15:2, 19:7) 부정한 사람들과 식사를 하지 않을 때에도 식사 전에 해야 하는 정결의식을 하지 않기 때문에 예수의 제자들은 부정하다.(마태 15:2, 마가 7:2, 7:5) 예수도 식사를 하기 전에 손을 씻지 않았다.(누가 11:38) 종교에서의 모든 형식주의에 반대하며 그는 기꺼이 당대의 '신성 규약' 전체를 거부했다.

"너희는 내 말을 듣고 깨달아라. 입으로 들어가는 것이 사람을 더럽히는 것이 아니라, 입에서 나오는 것, 그것이 사람을 더럽힌다."(마태 15:10-11) 깨끗함은 내면의 가슴에서 나온다: "네 속에 있는 빛이 어둡지 않은지 살펴보아라. 네 온 몸이 밝아서 어두운 부분이 하나도 없으면, 마치 등불이 그 빛으로 너를 환하게 비출 때와 같이, 네 몸은 온전히 밝을 것이다."(누가 11:35-36) 예수의 첫번째 제자들은 그와 같은 말씀을 전하고 다녔다. 그리스도교인들은 할례를 받지 않기 때문에 부정하다는 말을 들었을 때, 베드로는 이렇게 그들을 옹호했다. "사람의 마음 속을 아시는 하나님께서는 (할례를 받은) 우리에게 성령을 주신 것과 같이 그들에게도 주셔서, 그들을 인정해주셨습니다. 하나님께서는 그들의 믿음을 보셔서, 그들의 마음을 깨끗하게 하시고, 우리와 그들 사이에 아무런 차별을 두지 않으셨습니다."(사도행전 15:8-9) 종교 의식이 갖추고 있는 형식과의 대조는 선명하고 적나라하게 표현된다.

"율법학자들과 바리새파 사람들아, 위선자들아, 너희에게 화가 있다! 너희는 잔과 접시의 겉은 깨끗이 하지만, 그 안은 탐욕과 방종으로 가득 채우기 때문이다. 눈먼 바리새파 사람들아! 먼저 잔 속을 깨끗이 하여라. 그러면 그 겉도 깨끗하게 될 것이다. 율법학자들과 바리새파 사람들아, 위선자들아, 너희에게 화가 있다! 너희가 회칠한 무덤과 같기 때문이다. 그것은 겉으로는 아름답게 보이지만, 그 안에는 죽은 사람의 뼈와 온갖 더러운 것이 가득하다. 이와 같이, 너희도 겉으로는 사람에게 의롭게 보이지만, 속에는 위선과 불법이 가득하다."(마태 23:25)

✛ 여전히 부정한 사람들이 있는가?

예수의 세계에서는 로마의 부역자나 문둥병자, 창녀들이나 광인이나 귀신 들린 자 등을 포함하여, 그가 피하고자 했던 추방자들은 전혀 없었다. 그렇다면 지금은 모두를 끌어안는 그의 크나큰 사랑 밖으로 내쫓길 만한 사람들이 있을까? 일부 기독교인들은 그럴 만한 사람들이 있다고 생각한다.

기독교의 가장 커다란 죄악들 중 하나는 자신들만의 소름 끼치는 정화 율법이라는 서툰 형상화를 통해, 유대인들을 저주받고, 접촉할 만한 가치도 없으며, 부정하므로 거부해야 하는 민족으로 취급했다는 것이다. 만약 이러한 '인종 정화'라는 죄악이 유대인 대학살을 일으켰던 것은 아니라고 하더라도, 그것을 조장했던 것만은 분명하다.

그렇다면 오늘날의 유대인은 어떤 사람들일까? 저주받은 사람들은 또 누구일까? 일부 기독교인들이 그들이 어떤 사람들인지 말해주고 있다.

에이즈로 사망한 유명한 동성애자의 장례식에 어느 '기독교' 단체가 '하나님은 동성애자들을 미워하신다'라는 플래카드를 들고 나타났다. 샌디에고 관구의 한 가톨릭 주교는 동성애자로 밝혀진 사람의 기독교식 장례식을 금지시켰다.

이러한 일들에 대해 예수가 어떤 입장을 취했을 것인가를 의심할 필요가 있을까? 그가 자신의 신비로운 일행들과 어떤 입장을 취했을까에 대해 의심할 여지가 있을까? 그는 동성애자들을 미워하는 사람들이 아닌 동성애자들과 함께 했을 것이다. 그것은 예수의 시대에 버림받았던 자들이 그랬던 것처럼, 동성애자들이 부정하다고 불리는 이유가 레위기의 정결 규례를 위반했기 때문이라는 사실에서 보다 더 분명해진다.

인류학자인 메리 더글라스는 서로 다른 것들의 '자연법칙에 반하는' 혼합이라는 — 예를 들어 우유와 고기의 혼합과 같은 — 생각에서 부정이라는 관념이 생겨났다고 설명한다. 같은 땅에 서로 다른 두 종류의 씨를 뿌리거나 두 가지의 털실을 뒤섞어 옷을 짜는 일(레위기 19:19) 혹은 나귀와 소를 부려 밭을 가는 일(신명기 22:10) 혹은 피가 배어 있는 채로 고기를 먹는 일(레위기 19:26) 등이 그러한 예들이다.

동성애의 경우 여성 역할을 하는 남자는 남자의 몸과 여성의 역할이 뒤섞여 있는 것이다. 정결 규례에서는 생리를 하기 때문에 여성들은 어떤 경우에도 부정하다. 하지만 생리도 할 수 없는 이 '허구의' 여성은 더욱 부정하다고 여겨진다. 현재 이러한 금기를 지키기 위해 노심초사하는 사람들은 레위기의 한 부분을 정결 규례로써 선택적으로 준수하고 있는 것이다. 내가 인터넷에서 읽었던 어떤 편지의 핵심이 바로 그것이었다(출처를 알 수 없으므로, 알려주시는 분이 있다면 매우 고맙겠다). 그 편지는 성서에 씌어진 문자 그대로 믿어야 한다는 어느 개신교 복음주의자에게 보내는 것이었다.

하나님의 계율을 가르치기 위해 애쓰시는 것에 대해 감사드립니다. 나는 귀하에게 많은 것을 배웠으며 그렇게 얻은 지식을 가능한 한 많은 사람들과 나누기 위해 노력하고 있습니다. 예를 들어, 누군가가 동성애를 옹호하려 한다면 나는 그저 레위기 18장 22절에 그것이 혐오스러운 일이라고 분명히 명시되어 있다는 것을 상기시켜줍니다. 그러면 논쟁은 끝이 나지요. 하지만 하나님의 계율들 중 몇몇 가지와 그것들을 어떻게 따라야 할 것인가에 대해선 당신의 조언이 필요한 것 같습니다.

1. 레위기 25장 44절에는 만약 이웃 나라에서 사올 수 있다면, 남자든 여자든 노예를 소유할 수도 있다고 되어 있습니다. 내 친구의 말에 따르면, 멕시코인 노예는 가능하지만 캐나다인은 안 된다고 하더군요. 왜 캐나다인은 소유할 수 없는 것인지 명쾌하게 알려주실 수 있는지요?
2. 출애굽기 21장 7절에 허용되어 있듯이 내 딸을 노예로 팔고 싶습니다. 요즘 시대에 그 아이의 몸값은 어느 정도가 적절하다고 생각하십니까?
3. 어떤 여자든 생리를 하는 부정한 시기엔 접촉이 허용되지 않

는다고 알고 있습니다.(레위기 15:19-24) 그런데 그것을 어떻게 하면 알 수 있을까가 문제더군요. 물어보려고 했지만 대부분의 여성들은 화를 내더라구요.

4. 희생제물로 제단에서 소를 태울 때, 주님을 즐겁게 하는 향기가 난다는 것을 잘 알고 있습니다.(레위기 1:9) 그런데 문제는 이웃들입니다. 그 냄새가 싫다는 거예요. 그들을 두들겨 패야만 할까요?

5. 이웃 중에 안식일에도 일을 하겠다고 고집하는 사람이 있습니다. 출애굽기 35장 2절에 그런 사람은 사형에 처해야 한다고 분명히 명시되어 있습니다. 실제로 내가 그를 죽여야만 합니까, 아니면 대신 그렇게 해달라고 경찰에게 요청해야 합니까?

6. 내 친구는 갑각류를 먹는 건 혐오스런 일이지만(레위기 11:10) 동성애보다는 덜 혐오스럽다고 하더군요. 나는 그의 말에 동의하지 않습니다. 이 문제를 해결해주실 수 있겠습니까? 혐오스러운 것에도 등급이 있나요?

7. 레위기 21장 20절에 따르면, 만약 내 시력에 문제가 있다면, 하나님의 제단에 다가갈 수 없다고 합니다. 안경을 쓸 수 있도록 허락을 받아야만 할 것 같습니다. 내 시력이 2.0/2.0이 되어야만 하는 것인지 아니면 어느 정도의 재량은 있는 것인

지 알고 싶습니다.

8. 내 남자친구들은 대부분 머리카락을 자르는데, 관자놀이 부근의 머리카락도 자르더군요. 레위기 19장 27절에 따르면 분명 금지되어 있는데도 말입니다. 그들은 어떻게 죽어야 되나요?

9. 죽은 돼지의 껍질을 만지면 부정해진다는 것을 레위기 11장 6-8절을 통해 알게 되었습니다. 하지만 만약 장갑을 낀다면 미식축구를 계속해도 괜찮은 건가요?

10. 삼촌이 농장을 운영하십니다. 그는 같은 땅에 서로 다른 두 가지 씨를 심는 것으로 레위기 19장 19절을 위반했습니다. 숙모는 두 가지 서로 다른 실로 만든 옷(면과 폴리에스테르 합성)을 입었구요. 게다가 그분은 저주와 불경스러운 말들을 참 많이도 합니다. 마을 사람들을 모두 불러 모아서 그 두 사람을 돌로 쳐죽이러 가야 하는 건가요?(레위기 24:10-16) 그냥 인척 간에 정을 통했을 때처럼 사적인 가족 간의 일로 여겨 그들을 불태워 죽이는 것만으론 안 될까요?(레위기 20:14)

귀하께서 이러한 일들에 대해 포괄적으로 연구하셨으며, 믿을 만한 전문가적인 식견을 갖고 계신다는 것을 잘 알고 있습니다. 그래서 저는 당신이 도움을 주실 수 있을 것이라 확신하고 있답니다.

다시 한번 하나님의 말씀이 영원하며 변함없다는 것을 되새길 수 있게 해주신 것에 감사드립니다.

'자연 법칙'이라는 말로 새로운 정결 규례를 만들어내는 기독교인들이 있다. 그들은 성적인 관계의 자연스러운 결실은 자손의 번식이고, 게이들은 자연스러운 자손을 만들어낼 수 없으므로 동성애는 언제나 죄악이라고 말한다. 동성애는 자연스럽지 못한 분리(섹스와 자손 번식의 분리)만큼 자연스럽지 못한 정도의 혼합이 아니다. 하지만 그 말은 최근의 고지식한 기독교인들이라면 이성애에 대해서도 똑같이 말해야 한다는 뜻이다. 즉, 자손 번식 없는 섹스도 죄악이라고 말해야 하는 것이다. 그것이 성 아우구스티누스를 비롯한 성인들의 가르침이었다. 폐경기가 지난 여인들이나 불임의 시기에 행해지는 섹스 같은 모든 경우는 혼전, 혼외, 자위, 중절성교 그리고 항문성교 등과 함께 금지되었다. 그러한 행위들 중에 자손을 낳을 수 있는 경우는 전혀 없기 때문이다.

이처럼 '자연스러운' 것에 대한 견해들의 문제점은, 인간적인 행위들의 주된 기능이 일반적으로 전혀 죄가 되지 않는 방식으로만 사용되지 않는다는 데에 있다. 예를 들어 먹는 행위는 기본적으로 자기 생존을 위한 것이다. 하지만 많은 경우의 식사와 음주는 즐거움을 위해서뿐만이 아니라 친교와 축하, 호의와 사랑을 위해 생존의 수준을 넘어서고 있다. 예수를 비난하는 사람들은 그가 그러한 연회를 뜻하는 상징을 자주 활용하고 있다는 것에 주목한다. 실제로 그들은 예수를 먹보이며 술꾼이라고 부르고 있다.(누가 7:34) 그가 보여주는 하늘나라는 생존을 위해 필요한 것은 전혀 걱정할 필요가 없는 연회의 모습을 하고 있는 것이다.

사람들 사이의 의사소통 방식으로써 섹스는 왜 먹고 마시는 일과 달라야만 하는 걸까? 그것은 단 한 가지 이유 즉, 섹스를 부정하다고 생각하기 때문이다. 기독교가 복음서의 철저한 인류평등주의에 반하는 엘리트를 만들어낼 때, 섹스의 절제를 엘리트가 지닌 정결의 증거로 삼아, 그러한 견해를 가진 것으로 보인다. 사제와 수녀와 동정녀, 수행자, 그리고 사막의 현자들은 평범하게 결혼한 기독교인들보다 훨씬 높은 도덕성을 따라야 한다고 여기는 것이다.

그런 사람들에게는 마태복음 19장 12절의 말씀이 적용된다: "모태로부터 그렇게 태어난 고자도 있고, 사람이 만들어서 된 고자도 있고, 또 하늘나라 때문에 스스로 고자가 된 사람도 있다. 이 말을 받아들일 수 있는 사람은 받아들여라."

이 구절은 인용하는 사람들에 의해 다양하게 왜곡되었다. 그러한 왜곡들 중 한 가지가 바로 거세를 의미하는('거세된 남자가 되다'라는) 동사를 애매하게 번역하는 것이다.

그 말씀에서 의미하는 전후 문맥은 결혼생활의 정절에 관한 예수의 가르침이 남자들로서는 정말 따르기 힘들다는 것이다. 예수는 외적인 순결보다 내적인 순결이 훨씬 더 중요하다는 것을 강조하면서, 눈이나 손의 행위에 의한 순결의 상실에 대해 다시 한 번 정확히 말하고 있다.

"간음하지 말아라, 하고 말한 것을 너희가 들었다. 그러나 나는 너희에게 말한다. 여자를 보고 음욕을 품는 사람은, 이미 마음으로 그 여자와 범하였다. 네 오른 눈이 너로 죄를 짓게 하거든, 빼서 내버려라. 신체의 한 부분을 잃는 것이, 온몸이 지옥에 던져지는 것보다 더 낫다. 또 네 오른손이 너로 하여금 죄를 짓게 하거든, 찍어서 내버려라. 신체의 한 부분을 잃는 것이, 온몸이 지옥에 던져지는 것보다 더 낫다."(마태 5:27-30)

예수는 엘리트들에게 다른 사람들과 구별되는 규범을 요구하지 않는다. 다만 죄를 지을 위험에 빠져 있는 사람이라면 정신적 고통보다 육체적 고통을 겪는 것이 더 낫다고 말한다.

예수가 거세가 아닌 독신주의를 거론하고 있다거나, 믿음의 영웅들은 독신주의를 결혼보다 더 높은 사명으로 삼아야 한다고 말하고 있다는 생각은 그저 터무니없는 소리일 뿐이다. 오른 눈과 오른손에 관한 문구에 그런 식의 궤변을 적용해서는 안 된다. 그들이 말하는 '독신주의'는 무엇을 의미하는 것일까? 오른 눈을 빼어버리지 않는 대신 영원히 감고 있겠다는 뜻인가? 오른손을 찍어 내버리는 대신 평생 주머니 속에 넣고 있겠다는 말인가?

예수가 외적인 순결을 조롱하고 있다는 사실은, 종교의식에서 깨끗한 손으로 여기는 오른손을 찍어 내버리라고 강조하고 있다는 것에서 알 수 있다. 이와 마찬가지로, 거세를 언급하고 있는 것은 거세한 남자를 부정하다고(신명기 23:1) 여기고 있다는 사실을 염두에 둔 것일 수 있다. 이방인들도 할례를 받아야 한다고 주장하는 사람들을 향해 바울은, "차라리 자신들의 그 지체를 잘라버리는 것이 좋다"(갈라디아서 5:12)라며 야멸차게 거세를 언급한다.

예수는 결혼한 남자들이 자신의 사자使者가 될 것이라 천명한다. 그러한 사자들 중에서 가장 대표적인 인물인 베드로는 예수의 부활 이후에도 예수의 형제들과 '남은 사자들'이 그랬던 것처럼 자신의 아내와 함께 다녔다.(고린도전서 9:5) 베드로의 결혼은 당시에 브리스가와 아굴라(사절단의 수장으로서 아내의 이름이 먼저 표기된다), 안드로니고와 유니아(두 사람 다 사도라고 불렸다), 빌롤로고와 율리아(로마서 16:3, 7, 15)와 같은 다른 부부 전도팀들의 본보기가 되었다.

바울 시대의 교회는 섹스가 부정하다는 훗날의 잘못된 가르침으로부터 자유로웠다. 교회의 성직자들은 일반적으로 베드로처럼 결혼할 수 있었다. 바울이 결혼생활을 그만둔 것은 섹스가 부정한 것이기 때문이 아니라 종말이 가까웠기 때문이었다. 그는 '자기 자신의 말이며 주님의 말씀은 아니지만'(고린도전서 7:12)이라고 한 뒤, 결혼하지 않은 사람은 노예든 자유인이든 (부르심을 받은)(고린도전서 7:24) 그대로 있는 것이 더 낫다고 생각한다고 말했다.

예수의 온갖 노력에도 불구하고, 자칭 그의 제자들이 끊임없이 부정한 영역들을 만들어내고 있을 뿐이다.

▌ 주 ▌

1) BC 330~320년 경의 청동 조각을 로마시대(130~140년경)에 대리석으로 모각한 것. 높이 226.5cm로 바티칸 벨베데레 궁전에 있는 아폴로상이다. 7피트가 넘는 대리석 입상으로 전신은 나체이며 옷은 목에만 둘러져 있다.

2) 플래너리 오코너(1925~1964) 미국의 소설가. 주로 남부의 시골을 배경으로 인간의 소외를 다루었으며, 인간과 신의 관계에 관심을 기울였다. 대표작으로 《착한 사람은 찾아보기 어렵다》, 《오르다보면 한 곳에 모이기 마련이다》, 《끝까지 공격하는 자는 그것을 얻는다》 등이 있다.

제3장
_____

급진주의자, 예수

✥ 재물

급진주의자를 만들고 싶다면 복음서를 읽게 하는 것보다 더 나은 방법은 없다. 복음서는 끊임없이 부자와, 권력자와 착취자들을 통렬하게 비난한다. "너희 가난한 사람은 복이 있다. 하나님의 나라가 너희의 것이다. …… 하지만 너희 부유한 사람은 화가 있다. 너희가 너희의 위안을 이미 받았기 때문이다."(누가 6:20–24)

어려서부터 모든 계율을 다 지켰으며, 예수를 따르길 원했던 한 젊은이는 "재산이 많았기 때문에"(마가 10:22) 슬퍼하며 예수의 곁을 떠나야 했다. 그 젊은이가 떠나고 난 뒤 예수는 이렇게 말한다. "재산을 가진 사람은 하나님의 나라에 들어가기가 참으로 어렵다." 이 말은 제자들을 혼란스럽게 만들었지만 그는 다시 한번 자신의 경고를 되풀이해 강조한다. "이 사람들아, 하나님 나라에 들어가기는 참으로 어렵다. 부자가 하나님 나라에 들어가는 것보다 낙타가 바늘귀로 지나가는 것이 더 쉽다."(마가 10:23-25)

한 남자가 자신의 재산권을 형으로부터 지켜달라고 부탁했을 때, 예수는 "너희는 조심하여, 온갖 탐욕을 멀리하여라. 재산이 차고 넘치더라도, 사람의 생명은 거기에 달려 있지 않다"(누가 12:15)고 대답한다.

그리고 나서 재물을 쌓아두었다가 언젠가는 그것으로 편안하게 즐기며 살겠다는 생각으로 열심히 일하는 어떤 부자의 비유를 들려준다.

"그러나 하나님께서 말씀하셨다. '어리석은 사람아, 오늘 밤에 네 영혼을 네게서 도로 찾을 것이다. 그러면 네가 장만한 것들이 누구의 것이 되겠느냐?' 자기를 위해서는 재물을 쌓아 두면서도, 하나님께 대하여 부요하지 못한 사람은 바로 이와 같다." 예수께서 자기의 제자들에게 말씀하셨다. "그러므로 내가 너희에게 말한다. 목숨을 부지하려고 '무엇을 먹을까' 하고 걱정하지 말고, 몸을 보호하려고 '무엇을 입을까' 하고 걱정하지 말아라. 목숨은 음식보다 더 소중하고, 몸은 옷보다 더 소중하다. (중략)

너희는 너희 소유를 팔아서 자선을 베풀어라. 너희는 자기를 위하여 낡아지지 않는 주머니를 만들고, 하늘에다 없어지지 않는 재물을 쌓아 두어라. 거기에는 도둑이나 좀의 피해가 없다. 너희의 재물이 있는 곳에 너희의 마음도 있을 것이다."(누가 12:20-23, 33-34)

예수에 반대했던 세력들이 재산을 소유하고 있었음을 복음서들은 몇 번이고 되풀이해서 들려준다. "돈을 좋아하는 바리새파 사람들이 이 모든 말씀을 듣고서, 예수를 비웃었다."(누가 16:14) 예수는 자신이 가져다 주려는 삶과 재물이 왜 어울릴 수 없는지 설명한다. "한 종이 두 주인을 섬기지 못한다. 그가 한쪽을 미워하고, 다른 쪽을 사랑하거나, 한쪽을 떠받들고, 다른 쪽을 업신여길 것이다. 너희는 하나님과 재물을 함께 섬길 수 없다."(누가 16:13) 여기에서 예수는 큰 부자와 나사로의 이야기를 들려준다.

"어떤 부자가 있었는데, 그는 자색 옷과 고운 베 옷을 입고, 날마다 즐겁고 호화롭게 살았다. 그런데 그 집 대문 앞에는 나사로라 하는 거지 하나가 헌데 투성이 몸으로 누워서, 그 부자의 상에서 떨어지는 부스러기로 배를 채우려고 하였다. 개들까지도 와서, 그의 헌데를 핥았다. 그러다가 그 거지가 죽어서 천사들에게 이끌려 가서 아브라함의 품에 안겼고, 그 부자도 죽어서 묻히었다. 부자가 지옥에서 고통을 당하다가 눈을 들어서 보니, 멀리 아브라함이 보이고, 그의 품에 나사로가 있었다. 그래서 그가 소리를 질러 말하기를 '아브라함 조상님, 나를 불쌍히 여겨 주십시오. 나사로를 보내서, 그 손가락에 물을 찍어서, 내 혀를 시원하게 하도록 하여 주십시오. 나는 이 불 속에서 몹시 고통을 당하고 있습니다' 하였다. 그러나 아브라함이 말하였다. '얘야, 되돌아보아라, 살아 있을 동안에 너는 온갖 호사를 다 누렸지만, 나사로는 온갖 괴로움을 다 겪었다. 그래서 그는 지금 여기에서 위로를 받고, 너는 고통을 받는다. 그뿐만 아니라, 우리와 너희 사이에는 큰 구렁텅이가 가로놓여 있어서, 여기에서 너희에게로 건너가고자 해도 갈 수 없고, 거기에서 우리에게로 건너오지도 못한다.' 부자가 말하였다. '조상님, 소원입니다. 그를 내 아버지 집으로 보내주십시오. 나는 형제가 다섯이나 있습니다. 제발 나사로가 가서 그들에게 경고하여, 그들만은 고통받는 이곳에 오지 않게 해주십시오.' 그러나 아브라함이 말하였다. '그들에게는 모세와 예언자들이 있으니, 그들의 말을 들어야 한다.' 부자가 말하였다. '아닙니다. 아브라함 조상님, 죽은 사람들 가운데서 누가 살아나서 그들에게 가면, 그들이 회개할 것입니다.' 아브라함이 그에게 말하였다. '그들이 모세와 예언자들의 말을 듣지 않으면, 죽은 사람들 가운데서 누가 살아날지라도, 그들은 그의 말에 귀를 기울이지 않을 것이다.'"(누가 16:19-31)

　예수가 사역 중에 호의를 품었던 단 한 명의 부자는 바로 세금징수원인 삭개오였다. 그는 자신의 재산 중 반을 가난한 자들에게 돌려주었을 뿐만 아니라 자신이 강탈한 것들도 모두 돌려주었기 때문이었다.(누가 19:8) 예수는 그에게 세금징수원의 우두머리라는 그의 직위를 포기하라고 요구하지 않았다. 모든 세금징수원들을 경멸받을 사람들로 대했지만 자비를 베풀지 못할 사람으로는 여기지 않았기 때문이었다. "인자는 잃은 것을 찾아 구원하러 왔다."(누가 19:10) 더 나아가 예수가 만약 로마를 위해 세금을 징수하는 자들을 비난한다면 정치적인 입장을 갖게 되는 것이었다. 우리가 이미 알고 있듯이, 그는 그 어떤 직접적인 정치적 행동은 하려 하지 않았다.

　예수는 일반적인 추종자들에게도 재물을 추구하지 말 것을 요구했지만, 그 자신의 메시지를 널리 퍼뜨릴 사람들에게는 보다 더 엄중하게 그렇게 할 것을 요구했다. 제자들을 파견할 때 그는 돈을 전혀 가져가지 못하게 했을 뿐만 아니라, 그 다음날에 필요한 물품을 담을 수 있는 자루마저도 가져가지 못하도록 했다. 그들은 전적으로 남들이 주는 것에 의존하여 하루하루를 살아야만 했다. "전대에 금화도 은화도 동전도 넣어 가지고 다니지 말아라. 여행용 자루도, 속옷 두

벌도, 신도, 지팡이도, 지니지 말아라. 일꾼이 자기 얻는 것을 받는 것은 마땅하다."(마태 10:9-10)

　2차 세계대전 후에 프랑스의 '노동 사제들'이 자신들이 섬기는 사람들과 함께 생활했던 것은 바로 복음서들의 이러한 내용을 실천한 것이었다. 교회의 일상이 가난한 사람들의 일상이라고 여기는 남미의 '바닥 공동체'의 노동도 이와 비슷한 동기로 생겨난 것이다. 하지만 제도권 교회들의 입장에서는 복음서들을 심각한 위협으로 느꼈다. 성 프란시스가 복음서의 극단적인 가난을 구현했을 때, 당국자들은 프란시스파의 사람들을 억누를 수 있는 자들을 후원하여, 그들이 보다 더 '평범한' 종교 생활에 순응하도록 만들었다. 그로 인해 노동 사제들은 교황 피오 12세에 의해 붕괴되었다. 그리고 바닥 공동체는 피오 12세를 이상형으로 삼았던 교황 요한 바오로 2세에 의해 폐쇄되었다.

　길버트 체스터턴은 기독교 정신은 실패한 것이 아니라, 단 한번도 제대로 시도되지 않았을 뿐이라고 말한다. 하지만 제대로 시도했을 때, 예수의 경우에서 알 수 있듯이, 그것은 위협으로 간주되었다. 교회는 모든 극단주의를 거부한다. 그것은 그들이 예수를 거부한다는 뜻이다. 그들은 가난한 사람들과 거리를 두면서, 그들을 향해 립서비스를 제공한다. 그들은 예수가 절대 화려한 복장을 입지 않았다는 명명백백한 사실을 전혀 고려하지 않는다. 예수는 금으로 만든 성배나 값진 그릇을 소유하거나 사용하지도 않았다. 그에게는 입을 맞출 보석 반지도 전혀 없었다.

✥ 권력

복음서들은 부유함이 영혼의 적이라는 사실을 명확히 밝히고 있지만 권력에 대해, 특히 정신적인 권력에 대해서는 한층 더 강력하게 경고한다. 예수는 자기들끼리 혹은 남들을 넘어서는 권위를 갖추려 하는 제자들을 거듭해서 꾸짖는다. 하나님 나라에서 누가 가장 크게 될 것인지를 묻자 그는 "누구든지 이 어린이와 같이 자기를 낮추는 사람이 하늘나라에서는 가장 큰 사람이다. 또 누구든지 내 이름으로 이런 어린이 하나를 영접하면, 나를 영접하는 것이다"(마태 18:4-5)라고 대답했다.

제자들이 거듭 자신들의 서열에 대해 논쟁할 때 그는, "누구든지 첫째가 되고자 하면, 그는 모든 사람의 꼴찌가 되어서 모든 사람을 섬겨야 한다"(마가 9:35)라고 했다. 예수가 제자들에게 지침으로 삼았던 규칙은 높은 자리를 피하라는 것이었다: "누구든지 자기를 높이는 사람은 낮아질 것이요, 자기를 낮추는 사람은 높아질 것이다."(누가 14:11) 모든 종류의 계급제도를 반대하는 데 있어 이보다 더 명확한 훈령은 없을 것이다. "자기를 높이는 사람은 낮아질 것이요, 자기를 낮추는 사람은 높아질 것이다." 이 문제에 관한 그의 가르침은 앞에서 인용한 바 있다.

"너희는 랍비라는 칭호를 듣지 말아라. 너희의 선생은 한 분뿐이요, 너희는 모두 형제자매들이다. 또 너희는 땅에서 아무도 너희의 아버지라고 부르지 말아라. 너희의 아버지는 하늘에 계신 분, 한 분뿐이시다. 또 너희는 지도자라는 칭호를 듣지 말아라. 너희의 지도자는 그리스도 한 분뿐이시다."(마태 23:8-10)

예수는 무엇보다 당대의 정신적 지도자들이 보여준 오만함을 공박했다. 이러한 것을 유대 종교에 대한 특별한 공격이라고 생각할 이유는 전혀 없다. 그는 훗날 자신의 이름으로 기도를 드리게 될 종교를 포함한, 모든 종교에 똑같은 기준을 적용했다. 당대의 정신적 지도 계급인 귀족과 사두개 성직자, 열성적인 바리새파, 학식 높은 유대 율법학자는 모두 예수로부터 규탄받았다. 그는 그들을 호되게 꾸짖었고, 위선을 벗겨버렸다.

"그때에 예수께서 무리와 제자들에게 말씀하셨다. '율법학자들과 바리새파 사람들은 모세의 자리에 앉은 사람들이다. 그러므로 그들이 너희에게 말하는 것은 무엇이든지 다 행하고 지켜라. 그러나 그들의 행실은 따르지 말아라. 그들은 말만 하고, 행하지는 않는다. 그들은 지기 힘든 무거운 짐을 묶어서 남의 어깨에 지우지만, 자기들은 그 짐을 나르는 데에, 손가락 하나도 까딱하려고 하지 않는다. 그들이 하는 모든 일은 사람들에게 보이려고 하는 것이다. 그들은 경문 곽을 크게 만들어서 차고 다니고, 옷술을 길게 늘어뜨린다. 그리고 잔치에서는 윗자리에, 회당에서는 높은 자리에 앉기를 좋아하며, 장터에서 인사받기와, 사람들에게 랍비라고 불리기를 좋아한다.' (중략)

율법학자들과 바리새파 사람들아, 위선자들아, 너희에게 화가 있다! 너희는 사람들 앞에서, 너희는 사람들이 들어오지 못하도록 하늘 나라의 문을 닫기 때문이다. 너희는 자기도 들어가지 않고, 들어가려고 하는 사람도 들어가지 못하게 하고 한다. 율법학자들과 바리새파 사람들아, 위선자들아, 너희에게 화가 있다! 너희는 개종자 한 사람을 만들려고 바다와 육지를 두루 다니다가, 하나가 생기면, 그를 너희보다 배나 더 못된 지옥의 자식으로 만들어버리기 때문이다. (중략)

율법학자들과 바리새파 사람들아, 위선자들아, 너희에게 화가 있다! 너희는 박하와 회향과 근채의 십일조는 드리면서, 정의와 자비와 신의와 같은 율법의 더 중요한 요소들은 버렸다. 그런 것들도 반드시 했어야 하지만, 이것들도 소홀히 하지 말았어야 했다. 눈먼 인도자들아! 너희는 하루살이는 걸러내면서, 낙타는 삼키는구나!"(마태 23:1-7, 13-16, 23-24)

예수는 권력의 진실에 대해 이야기하는 것을 전혀 두려워하지 않았다. 우리가 익히 알고 있듯이, 그는 장로들은 물론 성전의 제사장 같은 그 시대의 가장 존경받는 사람들을 향해 이런 식으로 말했다: "내가 진정으로 너희에게 말한다. 세리와 창녀들이 오히려 너희보다 먼저 하나님 나라에 들어간다."(마태 21:31)

그러한 사실을 뒷받침하기 위해, 그는 제자들에게 이렇게 말한다: "내가 너희에게 말한다. 너희의 의로운 행실이 율법학자들과 바리새파 사람들의 의로운 행실보다 낫지 않으면, 너희는 하늘 나라에 들어가지 못할 것이다."(마태 5:20)

예수가 정신적 지도자들을 향해 꾸짖었던 내용은 바로 권력이 지닌 자만심과 겉치레였다.

"두 사람이 기도하러 성전에 올라갔다. 한 사람은 바리새파 사람이고, 다른 한 사람은 세리였다. 바리새파 사람은 서서, 혼잣말로 이렇게 기도하였다. '하나님, 감사합니다. 나는, 남의 것을 빼앗는 자나 불의한 자나 간음하는 자와 같은 다른 사람들과 같지 않으며, 더구나, 이 세리와는 같지 않습니다. 나는 이레에 두 번씩 금식하고, 내 모든 소득의 십일조를 바칩니다.'

그런데 세리는 멀찍이 서서, 하늘을 우러러볼 엄두도 못 내고, 가슴을 치며 '아, 하나님, 이 죄인에게 자비를 베풀어 주십시오' 하고 말하였다. 내가 너희에게 말한다. 의롭다는 인정을 받고 서, 자기 집으로 내려간 사람은 저 바리새파 사람이 아니라, 이 세리다. 누구든지 자기를 높이는 사람은 낮아지고, 자기를 낮추는 사람은 높아질 것이다."(누가 18:10-14)

예수가 당대의 권력들을 공개적으로 비난하지는 않았지만, 그들이 알아채고 있었듯이, 그가 사용한 많은 비유들은 간접적으로 그들의 허세를 무너뜨리는 데 초점을 맞추고 있었다. 즉, "대제사장들과 바리새파 사람들은 예수의 비유를 듣고서, 자기들을 두고 하시는 말씀임을 알아챘다."(마태 21:45) 그들은 예수가 무엇을 말하고 있는지 알고 있었다. 예수는 그들을 겨냥하고 있었던 것이다.

당연히 예수가 모든 사두개인과 바리새파 사람들과 유대 율법학자들을 비난했던 것은 아니었다. 그를 지키려는 바리새파 사람들도 있었다.(누가 13:31) 그런 사람들 중 니고데모는 조심스럽게 자신이 나아가야 할 방향을 묻기도 했다.(요한 3:2) 또한 율법학자들 중에서도 예수를 따르는 사람이 있었으며(마태 8:19) 마태복음 13장 52절에서는 예수가 현명한 율법학자에 대해 언급하기도 한다.

사도행전을 통해 우리들은 몇몇 바리새파 사람들이 초기 교회의 일원이었으며(사도행전 5:34(3), 15:5) 그의 제자가 된 제사장들도 많았다는 것을 알 수 있다.(사도행전 6:7) 이러한 사람들은 예배의 형식주의 너머에 있는 것을 알았던 것이다.

✤ 인류평등주의

성직자 계급 제도에 반대되는 것이 평등이며, 예수는 급진적인 인류평등주의자였다. 바울이 인용한 찬송가에서 알 수 있듯, 초기 교회는 인류평등이라는 가치를 중시했다.

누구든지 그리스도와 연합하여 세례를 받은 사람은
그리스도로 옷을 입은 사람입니다.
유대 사람도 그리스 사람도 없으며
종도 자유인도 없으며, 남자나 여자가 없습니다.
그것은 여러분이 그리스도 예수 안에서
하나이기 때문입니다. (갈라디아서 3:27-28)

남녀평등은 가부장 사회였던 예수의 시대에는 너무나도 충격적인 일이어서 남자 제자들은 도저히 이해할 수 없었다. "이때에 제자들이 돌아와서, 예수가 그 여자와 더불어 말씀을 나누시는 것을 보고 놀랐다." 게다가 상대는 사마리아 여인이었던 것이다.(요한 4:27)

여인들이 공공연하게 랍비와 함께 다니는 일은 험담의 소재가 되었지만, '많은' 여인들이 갈릴리를 지나갈 때 예수를 뒤따랐다.(누가 8:2-3) 예수를 대접하기 위해 부엌에서 일하고 있던 마르다를 돕는 대신, 예수의 발치에 앉아 (말씀을 듣고) 있었다는 이유로 칭찬을 받았던 마리아의 이야기는 아주 오랫동안 현실 생활과 대비하여 명상적인 생활이 더 훌륭하다는 근거로 이용되었다.(누가 10:38-42)

이 이야기는 여성들을 수녀원에 가두어 두는 관습으로 활용되었는데, 그것은 대부분 부엌에서 멀어지게 하기보다는 명백히 '세상'으로부터 멀어지게 하는 것이었다. 하지만 웨스톤 신학대학의 제롬 너레이 교수는 예수 시대의 사회적 상황에 대한 철저한 연구 끝에, 예수가 당대에 허용된 공간을 벗어나 지식인의 세계로 들어서는 행동 때문에 (선생님의 발치에 앉아 있었다는 것으로 나타나는) 비난받을 수도 있는 여인을 옹호했던 것임을 밝혀냈다. 그러므로 예수는 여성들을 세상에서 격리된 안전한 은둔지에 가두어 두지 않고 세상 속으로 손짓해 불러, 그곳에서 벗어나 배우고 행동하는 남성의 세계로 합류시켰던 것이다.

십자가를 지고 가는 길에 단 한 명의 남성 제자 외엔 모두 도피했거나, 먼발치에 서 있을 때에도 한무리의 여성 제자들은 그의 뒤를 따랐다.(마가 15:40-41) 십자가 수난길을 따랐던 여성들 중 세 명은 텅 비어 있는 무덤을 처음으로 발견하고 그것을 남성 제자들에게 알려 부활을 전하는 첫번째 복음전파자가 되었다.(누가 24:1-11) 그 여인들 중의 한 명은 부활한 예수와 이야기를 나눈 첫번째 사람이기도 했다.(요한 20:15-17)

여성들은 초기 모임(교회)에서 줄곧 중요한 역할을 수행했다. 그들은 예언자였다.(고린도전서 11:5) 바울은 '그녀의 집안'을 대표했던(고린도전서 1:11) 고린도 교회의 글로에와, 겐그레아 교회의 일꾼이었던 뵈뵈(로마서 16:1), 눔바, 역시 지도자였던(골로새서 4:15) 골로사이 교회의 압비아(빌레몬서 2) 등의 여성들을 그 자신이 조직한 다양한 모임에서 지도자라고 불렀다. 빌립보서의 유오디아와 순두게는 '복음을 전하려고 나와 함께 힘쓴'(빌립보서 4:3) 사람으로 표현된다. 자주색 옷감 장수인 루디아는 바울의 지도를 받는 전체 여성 그룹을 이끌었다.(사도행전 16:13)

그 외의 여인들도 전도 활동의 동역자로 언급되었다. 유니아는 바울에게만 사용되던 사도(*apostolos*)로 불렸다. 그녀와 그녀의 남편은 바울과 함께 갇히기도 했다.(로마서 16:7) 브리스가와 그녀의 남편은 '바울의 동역자로 생명의 위험을 무릅쓰고 바울의 목숨을 살려준 사람들'이므로 모든 교회가 그들에게 감사하고 있다.(로마서 16:3-5) 바울은 마리아와 드루배나, 드루보사, 버시 등 네 명의 여성에 대해 그 자신의 활동(갈라디아서 4:11), 고린도전서 15장 10절을 표현할 때 사용했던 것과 동일한 동사(*kopiaein*)를 사용하여 기독교도들을 위해 '주 안에서 수고한'(로마서 16:6,12) 사람들로 언급한다.

여성들이 당시의 유대교 회당에서보다 기독교 모임에서 훨씬 더 적극적인 역할을 수행했던 것은 분명하다. 바울의 편지들에는 탁월한 남성과 여성들을 예우하고 있지만, 경칭을 사용하거나 유대교 회당과 이교도 모임에서처럼 지도자를 지칭하는 직함으로 부르는 경우는 전혀 없다. 그 편지들은 어떤 직함을 지정해주는 것이 아니라 성령의 은사에 따라 역할들이 정해져 있던 모든 공동체에게 보낸 것들이었다. 훗날 남성 제사장으로만 한정된 역할이자, 애찬(아가페)의 주재자를 의미하는 '가족의 수장'으로 세워진 여성들도 있었다(바울의 집단에는 제사장이 없었다). 로마의 성 프리실라 지하무덤에 있는 1세기의 프레스코 벽화에는 아가페 테이블에 둘러앉은 여섯 명의 여성들을 위해 성체용 빵을 나누고 있는 여성을 볼 수 있다.

예수의 가르침을 반영하고 있던 초대 교회들은 당시에 존재했던 가장 평등주의적인 세속 집단이었다. 이러한 인류평등주의는 개인적인 재물을 탐하지 말라는 예수의 명령들과 한데 어울려 예수의 제자들 사이에서 공동자금을 운영하는 형식으로(요한 12:6, 13:29) 초기 기독교 사회를 일종의 원시적인 공산주의 형태로 이끌어갔다. 이것은 당연히 자발적인 집단 행동이었으며 그 어떤 종류의 국가 사회주의도 아니었다(예수에게는 정치적인 계획이 없었다).

많은 신도가 다 한 마음과 한 뜻이 되어서, 아무도 자기 소유를 자기 것이라고 하지 않고, 모든 것을 공동으로 사용하였다. 사도들은 큰 능력으로 주 예수의 부활을 증언하였고, 사람들은 모두 큰 은혜를 받았다. 그들 가운데는 가난한 사람이 하나도 없었다. 땅이나 집을 가진 사람들은, 그것을 팔아서, 그 판 돈을 가져다가 사도들의 발 앞에 놓았고, 사도들은 각 사람에게 필요에 따라 나누어 주었다. 키프로스 태생으로, 레위 사람이요, 사도들로부터 바나바 곧 '위로의 아들'이라는 뜻의 별명을 받은 요셉이, 자기가 가지고 있는 밭을 팔아서, 그 돈을 가져다가 사도들의 발 앞에 놓았다.(사도행전 4:32-37)

이것은 종종 사회에서는 실현 불가능한 꿈으로 불리지만, 동방의 수도승, 초기 프란시스파, 쉐이커 교도, 가톨릭 사역자들, 노동 사제들, 바닥 공동체 그리고 요나 하우스와 같은 기독 공동체 등, 이 복음서를 읽은 여러 집단들이 오랜 세월에 걸쳐 꾸준히 그 이상에 맞추어 살아가려고 노력해왔다.

그런 사람들은 몽상가나 이상주의자로 불렸다. 현실적인 문제들에는 신중함이 요구된다. 예수는 그것을 부정하지 않는다. 다만 정치, 계산, 타협과 같은 것들은 모두 '가이사의 것'(마태 22:21)이다. 그러한 문제들은 황제에게 신경 쓰라고 하면 된다. 그런 것들은 예수가 신경 쓸 일이 아니다. 그의 과업과 사명은 전혀 다른 차원의 것이기 때문이다.

✛ 폭력

만약 예수가 부와 권력, 전제주의와 차별을 반대했다면 그는 분명 그러한 것들을 구현하기 위한 불변의 수단인 폭력을 반대해야 했을 것이다. 그는 당연히 폭력을 반대했다. 데이비드 소로[1]나 간디 그리고 마틴 루터 킹 목사 등 비폭력을 주장한 그 어떤 스승들보다 더 확고하게 반대했다. 그는 자신이 금하는 것들에 있어 단호했으며 포괄적이었다.

그러나 내 말을 듣고 있는 너희에게 내가 말한다. 너희의 원수를 사랑하여라. 너희를 미워하는 사람들에게 잘 해주고, 너희를 저주하는 사람을 축복하고, 너희를 모욕하는 사람을 위하여 기

106

도하여라. 네 뺨을 치는 사람에게는, 다른 뺨도 돌려대고, 네 겉옷을 빼앗는 사람에게는 속옷도 거절하지 말아라. 너에게 달라는 사람에게는 주고, 네 것을 가져가는 사람에게서 도로 찾으려고 하지 말아라. 너희는 남에게 대접을 받고자 하는 대로 남을 대접하여라.

너희가 너희를 사랑하는 사람만 사랑하면, 그것이 너희에게 무슨 장한 일이 되겠느냐? 죄인들도 자기네를 사랑하는 사람들을 사랑한다. 너희를 좋게 대하여 주는 사람들에게만 너희가 좋게 대하면, 그것이 너희에게 무슨 장한 일이 되겠느냐? 죄인들도 그만한 일은 한다. 도로 받을 생각으로 남에게 꾸어주면, 그것이 너희에게 무슨 장한 일이 되겠느냐? 죄인들도 고스란히 되받을 요량으로 죄인들에게 꾸어준다. 그러나 너희는 너희 원수를 사랑하고, 좋게 대하여 주고, 또 아무것도 바라지 말고 꾸어주어라. 그리하면 너희는 큰 상을 받을 것이요, 더없이 높으신 분의 아들이 될 것이다. 그분은 은혜를 모르는 사람들과 악한 자들에게도 인자하시기 때문이다. 너희의 아버지께서 자비하신 것같이, 너희도 자비로운 사람이 되어라.

남을 심판하지 말아라. 그러면 하나님께서도 너희를 심판하지 않으실 것이다. 남을 정죄하지 말아라. 그러면 하나님께서도 너희를 정죄하지 않으실 것이다. 남을 용서하여라. 그러면 하나님

께서도 너희를 용서하실 것이다. 남에게 주어라. 그러면 하나님
께서도 너희에게 주실 것이니, 되를 누르고 흔들어서, 넘치도록
후하게 되어서, 너희 품에 안겨 주실 것이다. 너희가 되질하여
주는 그 되로 너희에게 도로 되어서 주실 것이다.(누가 6:27-38)

이 완고한 말에는 양보에 대해 감당하기 어려우리 만큼 비범한 현
명함이 담겨 있다. 우리들이 예수를 감당하기엔 너무 벅차다. 훗날
교회들의 복음서 활용법은 오직 한 가지, 예수를 그의 '극단주의'로부
터 구해내려는 기나긴 노력이었다. 예수는 일관되게 폭력에 반대했
다. 그는 자신을 지켜야 할 때에도 베드로에게 칼을 쓰지 말 것을 명
령했다.(마태 26:52) 하지만 십자군 전쟁에서 수천의 사람들이 예수가
죽었던 장소를 지키기 위해 칼을 들었던 것이다. 주이신 예수를 보호
하기 위해서도 폭력을 사용할 수 없다면, 어떻게 그것을 정당하게 사
용할 수 있는 것일까? 빌라도가 왕이냐고 물었을 때, 예수는 이렇게
대답한다.

"내 나라는 이 세상에 속한 것이 아니오. 나의 나라가 세상에 속
한 것이라면, 나의 부하들이 싸워서, 나를 유대 사람들의 손에
넘어가지 않게 하였을 것이다. 그러나 사실로 내 나라는 이 세
상에 속한 것이 아니오."(요한 18:36)

많은 사람들이 예수의 나라를 지금과 같은 정치 질서 속에 포함시키고 싶어 한다. 만약 그들이 정치적 기독교 국가를 만들고 싶어 한다면, 자신의 나라는 이 세상에 속한 것이 아니라고 했던 예수를 따르지 않는 것이 된다. 그 반면에 만약 국가가 (굳이 기독교를 명시하지 않고) 단순히 어떤 종교이든 표명하기를 원한다면, 그런 의도에 부합하는 종교들은 있겠지만 예수의 나라는 그러한 종교들에 포함되지는 않을 것이다. 예수의 나라는 그런 질서 속에 있지 않다. 만약 사람들이 하나님을 지키기 위해 전쟁을 일으키길 원한다면, 예수가 이미 빌라도에게 자신의 추종자들은 그런 짓을 하지 않을 것이라고 말했기 때문에, 예수로부터 그 과업을 위임받았다고 주장할 수 없다.

예수는 당대의 유대인들과 달리 신정정치를 부정했다. 그 체제는 국가의 폭력 속에 종교를 포함하지만 예수는 절대로 폭력을 정당하다고 용납하지 않았다. 그는 '가이사의 것은 가이사에게 돌려주어라'(마가 12:17)라고 말하며, 로마의 탄압에 맞서는 정치적 저항을 포기했다. 비록 정치적 저항을 했다는 명목으로 고발당했지만(누가 23:2) 그는 로마에 내는 세금을 반대하지 않았다. 만약 예수가 '가이사의 것'을 포기한다면 어떻게 기독교 정치 체제를 갖출 수 있는지 묻는 사람들도 있을 것이다. 그것에 대한 답은 바로, 예수는 그 어떤 종류의 정치도 이 땅에 가져오지 않았다는 것이다.

✣ 준비됨

정치는 현재의 질서에 도움되는 것을 미리 준비하는 것인데, 예수는 그런 준비에 있어 내일 일에 대해서는 태평하고, 영원의 문제에 대해서는 엄격한 이중의 태도를 갖고 있었다. 세속적인 양식의 문제에 대해 그는 지극히 낙천적이었다.

그러므로 내가 너희에게 말한다. 목숨을 부지하려고 무엇을 먹을까 또는 무엇을 마실까 걱정하지 말고, 몸을 감싸려고 무엇을 입을까 걱정하지 말아라. 목숨이 음식보다 소중하지 아니하냐? 몸이 옷보다 소중하지 아니하냐?
공중의 새를 보아라. 씨를 뿌리지도 않고, 거두지도 않고, 곳간에 모아들이지도 않으나, 너희의 하늘 아버지께서 그것들을 먹이신다. 너희는 새보다 귀하지 아니하냐? 너희 가운데서 누가, 걱정을 해서, 자기 수명을 한 순간인들 늘일 수 있느냐? 어찌하여 너희는 옷 걱정을 하느냐? 들의 백합꽃이 어떻게 자라는가 살펴보아라. 수고도 하지 않고, 길쌈도 하지 않는다. 그러나 내가 너희에게 말한다. 온갖 영화를 누린 솔로몬도 이 꽃 하나만큼 차려 입지 못하였다. 믿음이 적은 사람들아, 오늘 있다가 내일 아궁이에 들어갈 들풀도, 하나님께서 이와 같이 입히시거든,

하물며 너희들을 입히시지 않겠느냐?

믿음이 적은 사람들아! 그러므로 무엇을 먹을까, 무엇을 마실까, 무엇을 입을까, 하고 걱정하지 말아라. 이 모든 것은 모두 이방 사람들이 구하는 것이요, 너희의 하늘 아버지께서는 이 모든 것이 너희에게 필요하다는 것을 아신다. 너희는 먼저 하나님의 나라와 그의 의를 구하여라. 그리하면 이 모든 것을 너희에게 더하여 주실 것이다.

그러므로 내일 일을 걱정하지 말아라. 내일 걱정은 내일이 맡아서 할 것이다. 한 날의 괴로움은 그 날로 족하다.(마태 6:25–34)

하지만 예수는 하늘나라를 준비하는 문제에 대해선 무척 엄격했다. 하늘나라를 준비하지 않는 사람들은 혼인잔치에 참여할 만한 자격이 없는 손님들이며(마태 22:1–10) 혹은 큰잔치에 초대된 것을 무시하는 사람들이며(누가 14:15–24) 신랑을 맞이하기 위한 등불에 필요한 기름을 마련하지 않은 사람들이며(마태 25:3–13) 좁은 문으로 들어가려 애쓰지 않는 사람들인 것이다.(누가 13:22–30) 그런 모든 사람들은 하늘나라에서 쫓겨날 것이다.

그 나라에 들어가거나 쫓겨나는 데에 적용되는 기준은 무엇일까? 그것은 무척이나 단순하다. 투표를 했는지, 훌륭한 시민이었는지, 더나아가 공정하게 장사를 했는지에 대해서는 묻지 않을 것이다. 그것만으로는 충분하지 않다. 진정으로 명령을 행하면 그 외의 모든 것은 따라오는 것이다.

그 간단한 기준은 이런 것이다. 신분이 높건 낮건 상관없이 마치 예수 자신이 그랬던 것처럼, 모든 사람들에게 햇빛을 비추는 하나님의 사랑으로, 넓고도 대가를 바라지 않는 사랑으로, 모든 사람들을 대했는가? 하는 것이다. 그 기준은 사랑이다. 예수의 복음서는 사랑이 전부이다. 하지만 그 사랑은 꿈 같거나, 감상적이거나, 복받쳐오르는 그런 종류의 사랑이 아니다. 그것은 급박하고, 타는 듯하며, 무서운 급진적인 사랑이다.

인자가 모든 천사와 더불어 영광에 둘러싸여서 올 때에, 그는 자기의 영광의 보좌에 앉을 것이다.
그는 모든 민족을 그의 앞으로 불러 모아 목자가 양과 염소를 가르듯이 그들을 갈라서, 양은 그의 오른쪽에, 염소는 그의 왼쪽에 세울 것이다. 그때에 임금은 자기 오른쪽에 있는 사람들에게 말하기를 '내 아버지께 복을 받은 사람들아, 와서, 창세 때로부터 너희를 위하여 준비한 이 나라를 차지하여라. 너희는, 내가 주린 때에 내게 먹을 것을 주었고, 목마를 때에 마실 것을 주었고, 나그네로 있을 때에 영접하였고, 헐벗을 때에 입을 것을 주었고, 병들어 있을 때에 돌보아주었고, 감옥에 갇혀 있을 때에 찾아주었다' 할 것이다.

그때에 의인들은 그에게 대답하기를 '주님, 우리가 언제, 주님께서 주리신 것을 보고 잡수실 것을 드리고, 목마르신 것을 보고 마실 것을 드리고, 나그네 되신 것을 보고 영접하고, 헐벗으신 것을 보고 입을 것을 드리고, 언제 병드시거나 감옥에 갇히신 것을 보고 찾아갔습니까?' 하고 말할 것이다.

임금이 그들에게 말하기를 '내가 진정으로 너희에게 말한다. 너희가 여기 내 형제자매 가운데, 지극히 보잘것없는 사람 하나에게 한 것이 곧 내게 한 것이다.'

그때에 임금은 또 왼쪽에 있는 사람들에게도 말할 것이다. '저주받은 자들아, 내게서 떠나서, 악마와 그 졸개들을 가두려고 준비한 영원한 불 속으로 들어가거라. 너희는 내가 주릴 때에 내게 먹을 것을 주지 않았고, 목마를 때에 마실 것을 주지 않았고, 나그네로 있을 때에 영접하지 않았고, 헐벗었을 때에 입을 것을 주지 않았고, 병들어 있을 때나 감옥에 갇혀 있을 때에 찾아주지 않았다.'

그때에 그들도 대답하여 말할 것이다. '주님, 우리가 언제 주께서 굶주리신 것이나, 목마르신 것이나, 나그네 되신 것이나, 헐벗으신 것이나, 병드신 것이나, 감옥에 갇히신 것을 보고도 돌보아 드리지 않았다는 것입니까?'

그때에 임금이 그들에게 대답하기를 '내가 진정으로 너희에게 말한다. 여기 이 사람들 가운데서 지극히 보잘것없는 사람 하나에게 하지 않은 것이 곧 내게 하지 않은 것이다' 하고 말할 것이다. 그리하여, 그들은 영원한 형벌로 들어가고, 의인들은 영원한 생명으로 들어갈 것이다.(마태 25:31-46)

이 말은 정확하게 무엇을 의미하는 것일까? "너희가 여기 내 형제자매 가운데, 지극히 보잘것없는 사람 하나에게 한 것이 곧 내게 한 것이다." 이 말은 바로 소년들을 성적으로 괴롭힌 사제는 예수를 괴롭힌 것이라는 뜻이다. 노파가 모아둔 돈을 등쳐먹은 TV 부흥사는 예수를 등쳐먹은 것이다. 종교를 이유로 다른 종교를 믿는 사람을 죽이는 일은 예수를 죽이는 일이다. 가난한 사람들을 경멸하는 사람은 예수를 경멸하는 사람이다. 부랑자를 무시하는 것은 예수를 무시하는 것이다. 동성애자를 박해하는 것은 예수를 박해하는 것이다. 그가 경멸받고 무시당하며 헐벗고 있는 바로 지금, 예수의 이러한 심판이 가해지고 있는 것이다.

그는 내동댕이쳐졌으며 우리들은 그를 반가이 맞아들이지 않고 있다. 그는 우리들을 필요로 하고 있지만 우리들은 그와 함께 그의 십자가를 지거나, 그와 함께 사랑하거나, 그와 함께 죽으려 하지 않고 있다. 그것은 예수가 우리들의 삶 속에 간직하도록 이 땅으로 가져온

114

무서운 사랑의 시험이다.

　예수는 분명 극단주의자이며 급진주의자이다. 하지만 극단주의자
가 아니라면 그 누가 자신의 이름을 정당하게 내세울 수 있겠는가?

▌ 주 ▌

1) 데이빗 소로(1817~1862)　미국의 사상가 · 문학가 · 자연주의자 · 환경보호론자 · 무정부
　주의자. 그의 대표작인 《월든》은 생태문학의 고전으로 19세기의 경전이라고 일컬어진다.

제4장

종교를 거부하다

예수의 행적 중에서 가장 충격적이며, 공분을 일으켰으며, 가장 위태로웠던 것은 당대에 인정받고 있던 종교를 거부한 것이다. 그로 인해 그는 죽음을 당했다. 종교가 그를 죽인 것이다. 그는 예배의식에 있어 정결예식, 희생제, 형식적인 기도와 폐쇄적인 규범, 안식일과 식사 규례, 성직자, 성전 그리고 사두개와 바리새와 율법학자들의 규범 등 모든 형식주의를 반대했다. 그는 자신이 성취하여 제자들과 함께 나누었던, 내적인 순수와 하나님과의 일치를 꾀하는 마음의 종교만이 진정한 종교라고 했다.

"너희는 기도할 때에, 위선자들처럼 하지 말아라. 그들은 사람들에게 보이려고, 회당과 큰길 모퉁이에 서서 기도하기를 좋아한다. 내가 진정으로 너희에게 말한다. 그들은 자기네 상을 이미 다 받았다. 너는 기도할 때에, 골방에 들어가 문을 닫고서, 숨어서 계시는 네 아버지께 기도하여라. 그리하면 숨어서 보시는 너의 아버지께서 너에게 갚아주실 것이다.

너희는 기도할 때에, 이방 사람들처럼 빈말을 되풀이하지 말아라. 그들은 말을 많이 하여야만 들어주시는 줄로 생각한다. 그러므로 그들을 본받지 말아라. 하나님 너희 아버지께서는, 너희가 구하기 전에, 너희에게 필요한 것이 무엇인지를 알고 계신다."(마태 6:5-8)

이러한 내적인 종교는 예배자에게 적게 요구하는 것이 아니라 오히려 더욱 많은 것을 요구한다. 외형적인 것으로는 성취할 수 없는 근본적인 마음의 정화를 요구하고 있는 것이다.

"'간음하지 말아라' 하고 말한 것을, 너희는 들었다. 그러나 나는 너희에게 말한다. 여자를 보고 음욕을 품는 사람은, 이미 마음으로 그 여자를 범하였다. 네 오른 눈이 너로 하여금 죄를 짓게 하거든, 빼서 내버려라. 신체의 한 부분을 잃는 것이, 온몸이 지옥에 던져지는 것보다 더 낫다. 또 네 오른손이 너로 하여금 죄를 짓게 하거든, 찍어서 내버려라. 신체의 한 부분을 잃는 것

이, 온몸이 지옥에 내던져지는 것보다 더 낫다."(마태 5:27-30)

예수의 제자들은 다른 가르침들과 마찬가지로 내적인 순결이라는 문제에 관한 그의 생각을 쉽사리 이해할 수 없었다. 그가 죽음에 가까웠을 때, 자기 삶의 자취를 통해 비천한 섬김의 본보기를 보여주려 했지만 베드로는 그 뜻을 알아차리지 못했다. 만찬에 앞서 예수가 세정식을 거행하려 했을 때, 베드로는 제자들의 발을 씻겨주기 위해 예수가 그처럼 몸을 낮게 웅크려서는 안된다고 했다.

그는 특유의 단호한 말투로 예수에게 이렇게 말했다: "아닙니다. 내 발은 절대로 씻지 못하십니다."(요한 13:8) 하지만 예수가 거듭 뜻을 굽히지 않자 베드로는 또 다른 엉뚱한 말을 던진다. "주님, 내 발뿐만 아니라, 손과 머리까지도 씻어주십시오." 예수는 그에게 자신의 말뜻을 잘못 알아들은 것이라고 했다. 그의 의도는 섬기고자 하는 내적인 마음가짐이 드러나는 것이 중요한 것이지, 겉으로 보이는 의식이 중요한 것이 아니라는 것이었다.

"내가 너희에게 한 일을 알겠느냐? 너희가 나를 선생님 또는 주님이라고 부르는데, 그것은 옳은 말이다. 내가 사실로 그러하다. 주이며 선생인 내가 너희의 발을 씻겨주었으니, 너희도 서로 남의 발을 씻어주어야 한다. 내가 너희에게 한 것과 같이 너희도 이렇게 하라고, 내가 본을 보여준 것이다. 내가 진정으로 진정으로 너희에게 말한다. 종이 주인보다 높지 않고, 보냄을 받은 사람이 보낸 사람보다 높지 않다."(요한 13:12–16)

예수가 정결법에 담겨 있는 진실로 다가가는 것은 바로 그가 옹졸한 의무 규정들을 이유로 거부했던 안식일에 담겨 있는 진실로 다가서는 것이다.

✛ 안식일

안식일에 이곳저곳을 다니던(이것 자체도 위법이었다) 예수의 제자들은 돈이나 음식을 갖고 다닐 수 없었으므로 밀 이삭을 잘라 먹으며 배고픔을 달랬다. "바리새파 사람이 이것을 보고 예수께 말하였다. '보십시오, 당신의 제자들이 안식일에 해서는 안 되는 일을 하고 있습니다.'"(마태 12:2) 예수는 하나의 대답이 다른 하나를 무시하며 뛰어넘는, 두 개의 대답을 내놓았다.

첫번째 대답에서 그는 자신을 다윗과 비교했다. 굶주린 병사들과 함께 사울을 피해 급히 떠나갈 때, 다윗과 그의 병사들은 성전으로 들어가, 비록 제단에서 치워져 있었다 해도, 제사장 외에는 먹을 수 없는 제단 빵을 먹었던 것이다. 다윗은 자신의 부하들은 사명에 의해 신성해졌다고 말했다. (사무엘기상 21:1-6)

두번째 대답에서 예수는 자신이 다윗보다 훨씬 더 큰 권한이 있음을 드러냈다.

"또 안식일에 성전에서 제사장들이 안식일을 범해도, 그것이 죄가 되지 않는다는 것을 율법책에서 읽지 못하였느냐? 내가 너희에게 말한다. 성전보다 더 큰 이가 여기에 있다. '나는 자비를 원하고, 제사를 원하지 않는다' 하신 말씀이 무슨 뜻인지 알았더라면, 너희가 죄 없는 사람들을 정죄하지 않았을 것이다. 인자는 안식일의 주인이다."(마태 12:5-8)

이 사건에 대한 마가의 기록에 따르면 예수는 이렇게 말한다. "안식일이 사람을 위하여 생긴 것이지, 사람이 안식일을 위해 생긴 것이 아니다."(마가 2:27)

예수는 치유하는 일을 하면서 거듭 안식일을 '어긴다.' 그리고 스스로를 이렇게 변호한다. "너희 가운데 어떤 사람에게 양 한 마리가 있다고 하자. 그것이 안식일에 구덩이에 빠지면, 그것을 잡아 끌어올리지 않을 사람이 어디에 있겠느냐? 사람이 양보다 얼마나 더 귀하냐? 그러므로 안식일에 좋은 일을 하는 것은 괜찮다."(마태 12:11-12)

예수는 특히 안식일에 회당에서 가르치던 중, 병을 치유함으로써 율법을 위반했다.(누가 13:11-12) 또한 안식일에 중풍병자를 고쳐준 후에 그에게 깔고 누워 있던 자리를 들고 걸어가라고 했다.(요한 5:8) 예수 자신은 안식일에 땅에 침을 뱉은 후, 그것으로 진흙을 개어 눈 먼 사람의 눈에 발라주어 생산적인 일을 하지 못하도록 한 금지령을 어겼다.(요한 9:6-7) 출애굽기에는 안식일에 일을 하면 사형을 내리도록 되어 있다.(출애굽기 31:15)

예수는 그 율법을 지키는 데 있어 더욱 곤란한 문제는 안식일에도 수술을 해야만 한다는 점이라는 것을 증명해 보였다. 남자들의 할례는 생후 8일째 되는 날에 받아야 하는 것으로 규정되어 있는데, 안식일에 태어난 아이는 그 다음 안식일에 할례를 받아야만 하기 때문이다.

내가 한 가지 일을 하였는데, 너희가 모두 놀라고 있다. 모세가 너희에게 할례법을 주었다. ― 사실, 할례는 모세에게서 비롯한 것이 아니라, 조상들에게서 비롯한 것이다. ― 이 때문에, 너희 는 안식일에도 사람에게 할례를 준다.
모세의 율법을 어기지 않으려고 사람이 안식일에도 할례를 받 는데, 내가 안식일에 한 사람의 몸 전체를 성하게 해주었다고 해서, 너희가 어찌하여 나에게 분개하느냐? 겉모양으로 심판하

지 말고, 공정한 심판을 내려라.(요한 7:21-24)

✤ 희생제

예수는 정결예식과 안식일이 지니고 있는 형식주의뿐만 아니라 동물을 희생제물로 쓰는 성전에서의 모든 제사를 비판했다. "너희는 가서 '내가 바라는 것은 자비요, 희생제물이 아니다' 하신 말씀이 무슨 뜻인지 배워라."(요한 9:13) 예수는 사무엘상 15장 22절의 "순종이 제사보다 낫고, 말씀을 따르는 것이 숫양의 기름보다 낫습니다"를 언급하고 있는 것이다. 마태복음 12장 7절에서도 같은 부분을 인용하고 있다.

예수는 형식적인 율법을 지키는 것보다 마음의 종교가 더 바람직하다는 것을 증명하기 위해 시편과 예언서 속의 많은 구절들을 들려주었다. 호세아서 6장 6절에서 하나님이 말씀하셨듯이 "내가 원하는 것은 변함없는 사랑이지, 제사가 아니다. 불살라 바치는 제사보다는 너희가 나 하나님을 알기를 더 바란다." 그리고 시편 51편 16-17절에 있듯이,

주님은 제물을 반기지 않으시며,

내가 번제를 드려도

기뻐하지 않으십니다.

하나님께서 원하시는 제물은

찢겨진 심령입니다.

오, 하나님 주님은 찢겨지고 짓밟힌 마음을,

멸시하지 않으십니다.

예수는 당대의 일부 종교 지도자들을 비판하면서 유대교의 여러 전통들을 상기시켰다. "하나님은 한 분이시요, 그밖에 다른 이는 없다고 하신 그 말씀은 옳습니다. 또 마음을 다하고 지혜를 다하고 힘을 다하여 하나님을 사랑하는 것과, 이웃을 자기 몸같이 사랑하는 것이, 모든 번제와 희생제보다 더 낫습니다."(마가 12:32-33) 모든 계명을 이 짧은 말 속에 담아낸 어떤 율법학자를 예수가 인정했던 것은 당연한 일이다. 이것이 바로 마음의 종교인 것이다.

예수가 제물로 쓸 짐승들을 팔고 사는 것과 그것들의 거래에 사용되던 금전을 성전 경내에서 내쫓았을 때, 짐승 제물을 비난했던 것은 아니라고 말하는 사람들이 있다. 예수는 단지 장사꾼들이 '내 아버지의 집'(성전 그 자체)을 장사꾼의 장터(요한 2:16) 혹은 도적들의 소굴(마가 11:17)로 만들었다는 이야기만을 했던 것이기 때문이라는 것이다.

하지만 그의 행동은 제물 그 자체를 막았던 것이다. 환전상들은 로마인들이 새겨진 로마 동전을 가져와 성전에 바치는 데 사용하는 세겔(유대 은화)과 바꾸었으며, 제물로 사용하기 위해 비둘기를 비롯한 여러 짐승들을 팔고 있었던 것이다. 예수는 제물을 바치지 못하도록 막는 것을 통해, 이미 타락했으며 썩어가고 있다고 여기던, 제물을 바치는 제도 자체를 통박했던 것이다.

그는 성전의 목적을 규정한 예언들을 인용하면서 동시에 그 예언들을 실현시켰다. 우선 그는 이사야를 인용한다(56:7): "기록된 바 '내 집은 만민이 기도하는 집이라고 불릴 것이다' 하지 않았느냐?"(마가 11:17) 그리고 나서 예레미야를 언급한다.

'이것이 주님의 성전이다, 주님의 성전이다, 주님의 성전이다' 하고 속이는 말을, 너희는 의지하지 말아라. (중략) 너희는 이처럼 내가 미워하는 일만 저지르고서도, 내 이름으로 불리는 이 성전으로 들어와서, 내 앞에 서서 '우리는 안전하다' 하고 말한다. 너희는 그런 역겨운 모든 일들을 또 되풀이하고 싶어서 그렇게 말한다. 그래, 내 이름으로 불리는 이 성전이, 너희의 눈에는 도둑들이 숨는 곳으로 보이느냐? 여기에서 벌어진 온갖 악을 나도 똑똑히 다 보았다. 나 주의 말이다.
너희는 내가 처음으로 내 이름을 두었던 실로에 있는 내 처소로

가서, 내 백성 이스라엘의 죄악 때문에, 내가 그곳을 어떻게 하였는지 보아라. 너희가 온갖 죄를 지었으므로, 내가 너희에게 서둘러서 경고하였으나, 너희는 듣지 않았다. 내가 불렀으나, 너희는 대답도 하지 않았다. 나 주의 말이다. 그러므로 내가 실로에서 한 것과 똑같이, 내 **이름으로 불리며 너희가 의지하는 이성전**, 곧 내가 너희와 너희 조상에게 준 이 장소에, 내가 똑같이 하겠다. 내가 너희의 모든 형제, 곧 에브라임 자손 모두를 내 앞에서 쫓아버렸던 것과 똑같이, 너희도 내 앞에서 멀리 쫓아버리겠다.(예레미야 7:4, 10, 12-15)

성전에서 보여준 예수의 행동은 이 예언이 비로소 실현되었음을 뜻하는 것이다. 이제 성전은 심판을 받았으며, 곧 파괴될 것이다.

예수는 성전 의식을 방해하기 직전에 열매를 맺지 못하는 무화과나무를 저주하고, 훼방을 놓은 직후에 무화과 나뭇잎에 내린 저주의 효과를 확인하도록 하여 자신의 뜻을 명확히 했다.(마가 11:12-14, 20-21) 성전에서 보여준 행동은 이러한 두 가지 비슷한 상징으로 한데 묶어 예레미야서의 또 다른 예언을 실현하는 것이다.

"그들이 그렇게 역겨운 일들을 하고도, 부끄러워하기라도 하였느냐? 천만에! 그들은 부끄러워하지도 않았고, 얼굴을 붉히지

도 않았다. 그러므로 그들이 쓰러져서 시체 더미를 이룰 것이
다. 내가 그들에게 벌을 내릴 때에, 그들이 모두 쓰러져 죽을 것
이다." 나 주의 말이다. "그들이 거둘 것을 내가 말끔히 거두어
치우리니, 포도 덩굴에 포도 송이도 없고, 무화과나무에 무화과
도 없고, 잎까지 모두 시들어버릴 것이다."(예레미야 8:12-13)

그의 제자들이 무화과나무에 내린 그의 저주의 결과를 보고 경악
하고 있을 때, 예수는 즉시 말을 덧붙인다.

"하나님을 믿어라. 내가 진정으로 너희에게 말한다. 누구든지
이 산더러 '벌떡 일어나서 바다에 빠져라' 하고 말하고, 마음에
의심하지 않고 말한 대로 될 것을 믿으면, 그대로 이루어질 것
이다. 그러므로 나는 너희에게 말한다. 너희가 기도하면서 구하
는 것은 무엇이든지, 이미 그것을 받은 줄로 믿어라. 그리하면,
너희에게 그대로 이루어질 것이다."(마가 11:22-24)

예레미야서의 예언처럼 성전의 터는 내동댕이쳐졌으며, 예수는 그
자리를 내적인 믿음과 마음의 종교로 대체했던 것이다.

126

✛ 제사장들

만약 예수가 희생제에 찬성하지 않았다면, 그 방식을 운영하고 있던 대제사장들이 그에게 두려움과 분노를 품었다는 것은 놀라운 일이 아니다. 예수는 "힘 있는 자든 힘 없는 자든, 모두가 자기 잇속만을 채우며, 사기를 쳐서 재산을 모았다. 예언자와 제사장까지도 모두 한결같이 백성을 속였다"(예레미야 6:13)라고 말했던 예레미야와 같은 평민이었다.

복음서들에서 예수를 죽이기 위해 가장 적극적으로 음모를 꾸몄던 자들은 제사장들이었다. 그들은 예수가 불경죄를 범했을 뿐만 아니라 그들의 생계를 위협한다고 생각했다. 그들은 예수를 암살하기 위해 작당했으며(누가 19:47) 더 나아가 (예수에 의해) 다시 살아난 나사로마저 죽이려 했다.(요한 12:10) 그들은 예수를 배반한 유다에게 보상을 해주었다.(마태 26:14-15) 그들은 빌라도에게 몰려가 그의 무덤을 지켜야 한다고 청원했다.(마태 27:62-64)

그러나 그들의 행동은 훗날 모든 유대인들이 '그리스도를 죽인 자들'이라고 모욕당했던 일과는 아무런 관련이 없다. 그것은 유대교나 기독교의 역사에 있었던 사실로서, 모든 종교의 형식주의자들이 예수를 두려워하게 된 이유를 보여주고 있다.

도스토예프스키의 소설[1]에는 광야의 시험에 관한 한 가지 진실이

은밀하게 감추어져 있다. 즉, 기독교의 종교재판소가 반복적으로 예수를 처형해왔다는 사실이다: "여기 내 형제자매 가운데, 지극히 보잘것없는 사람 하나에게 한 것이 곧 내게 한 것이다."(마태 25:40)

제사장들과 예수 사이의 적대적인 반목을 생각해보면, 그의 제자들 중에 제사장이 없다는 것은 놀라운 일이 아니다. 기독교인들은 네 개의 복음서나, 바울의 편지에서 '히에레우스'(*hiereus*, 제사장)라는 단어를 전혀 사용하지 않았다. 예수는 어느 누구도 그런 호칭으로 부르지 않았다. 바울 자신도 그렇게 부르지 않았고 동료들 또한 마찬가지였으며 그가 설립한 교회들 중 어느 곳에서도 그러한 호칭으로 부른 사람은 없었다.

신약성서에는 수많은 목회자들이 언급되어 있다. 바울은 고린도전서에서 그들을 13번 언급한다. 사도, 예언자, 교사, 기적을 행하는 사람, 병을 고치는 사람, 남을 도와주는 사람, 관리하는 사람, 여러 가지 방언으로 말하는 사람, 방언을 통역하는 사람(12:27-28), 지혜로운 사람, 지혜를 해석하는 사람, 영혼을 분별하는 사람(12:8-10) 그리고 가르치는 사람(4:15) 등이다.

그는 로마서 12장 6절~8절에서 각자에게 네 가지 역할을 덧붙여 놓은, 보다 더 간략한 리스트를 제시한다. 섬기는 사람, 권면하는 사람, 나누어 주는 사람, 지도하는 사람 그리고 자선을 베푸는 사람. 그는 에베소서 4장 11절에서 복음전도자와 목사 두 가지를 덧붙여 모두 19가지의 목회자를 언급하지만 그들 중 어느 누구도 제사장이나, 감독 역할을 하는 사람은 아니었다.

그것들은 모두 역할을 나타내는 것이지 직책을 뜻하는 것은 아니며, 하나님에게서 온 영을 받은 것이지 세상의 집단이나 관료체제로부터 받은 것이 아니다.(고린도전서 2:11-16) 그들은 규정에 얽매여 있거나 성직자 계급체계로 제한받지 않는다. 바울이 알고 있듯이 그것은 철저하게 신의 은총을 입은 집단인 것이다. 그는 이러한 글들을 복음서들이 씌어지기 20~50년 전에 작성했으며, 그것을 통해 우리들에게 예수의 첫번째 제자들이 어떻게 처신했는가에 대한 초기의 모습을 그려볼 수 있도록 해주고 있다.

그들 집단에는 매우 뛰어난 남자와 여자들이 있었지만, 그들은 바울로부터 교회의 '기둥'(갈라디아서 2:9)과 같이 평범한 비유적인 묘사를 통해 소개되었다. 그리고 뛰어난 일부 기독교인들에 대해서는 빈정거리듯이 '저 거물급 사도들'이라고 묘사하기도 했다.(고린도후서 11:5)

훗날의 발전에 비추어 보았을 때, 초기의 교회가 목회자도 없이 원활하게 움직였다는 점이 매우 인상적이지만, 그것은 예수와 당대의 성직자들과의 관계에 비추어보면 완벽하게 이해할 수 있다. 이미 말했듯이, 바울은 그 자신은 물론, 그 외의 어떤 사람도 제사장이라고 부르지 않았다. 그러한 호칭과 가장 가깝게 언급된 것으로는, 로마서에서 자신에 대해 "나로 하여금 이방 사람 앞에 그리스도 예수의 일꾼(*leitourgos*)이 되게 하여, 하나님의 복음을 전하는 제사장의 직무(*hierourgoun*)를 하게 하시려는 것"이라고 말하는 부분이다. 성직자(*leitourgos*)를 언급한 그의 표현은 세속의 관리(13:6)를 의미하는 것으로 같은 글에서 사용되고 있다. 동사인 '*hierourgein*'은 복음을 전하는 그의 충직한 봉사, 즉 십자가에 못 박히고 부활한 예수를 하나님의 아들('복음서'에 등장하는 그의 정식 표현)로 공표하는 것을 의미하고 있다. 이것은 당대에 희생제를 올리던 제사장이라는 직책과는 아무런 관련이 없는 것이다.

애찬(아가페)을 공식적으로 주재하는 사람을 지칭하는 표현은 어느 곳에도 없으며, 빵과 포도주를 봉헌하는 것이 특정한 지위에 있는 사람에게 위임된 일이라는 사실은 더더욱 없다. 이것이 바로 단 한 사람도 기독교 제사장이나 목회자로 언급되지 않는, 제자들의 본래 신분에 대한 복음서의 신뢰성을 보여주는 징표인 것이다. 마침내 베드로의 이름으로 되어 있는 편지에 '제사장'이라는 용어가 등장했을 때, 그것은 전체 기독교 사회(베드로전서 2:5, 2:9)를 지칭하는 것이었으며, 이 편지의 '베드로'는 자신을 제사장이라 부르지 않고 다른 장로들과 대비하여 '동료 장로'로 언급하면서, 그들에게 과업을 헌신적으로 수행해야 한다고 주장하고 있다. 그는 장로들 중에서 가장 앞자리를 차지하고 있는 것도 아닌, 단지 '장로'일 뿐인 것이다.

"나는 여러분 가운데 있는 이들에게 같은 장로로서, 또한 그리
스도의 고난의 증인이요 앞으로 나타날 영광을 함께 누릴 사람
으로서 권면합니다. 여러분 가운데 있는 하나님의 양떼를 먹이
십시오. 억지로 할 것이 아니라, 하나님의 뜻을 따라 자진하여
하고, 더러운 이익을 탐하여 할 것이 아니라, 기쁜 마음으로 하
십시오. 여러분은 여러분이 맡은 사람들을 지배하려고 하지 말
고, 양떼의 모범이 되십시오. 그러면 목자장이 나타나실 때에,
변하지 않는 영광의 면류관을 얻으실 것입니다. 젊은이 여러분,
이와 같이 여러분도 나이가 많은 이들에게 복종하십시오. 모두
가 서로서로 겸손의 옷을 입으십시오. 하나님께서는 교만한 자
를 물리치시고, 겸손한 사람에게 은혜를 베푸십니다."(베드로전
서 5:1-5)

마지막 문장의 권력적 계급에 반대하는 말들은 바로 초기 교회가
'너희는 땅에서 아무도 너희의 아버지라고 부르지 말아라. 너희의 아
버지는 하늘에 계신 분, 한 분뿐이시다'라고 했던 예수의 말을 기억
하고 있었음을 보여준다.

유사(저자가 확실히 밝혀져 있지 않은) 바울의 '목회서신'에 등장
하는, 2세기 초 교회의 가장 높은 직위인 장로들은 전혀 성례전을 주
관하지 않았으며 다만 기독교인들이 모이는 가정들 중 가장 모범이

되는 남성가족으로 소개되었을 뿐이다. 그들은 한 명의 아내만을 거느려, 탐욕스럽지 않고 소박해야 했으며 그들의 자녀들은 기독교인이면서 행실도 올발라야만 했다.(디도서 1:6, 디모데전서 3:2-5) 그때까지도 교회에는 목회자들이 없었던 것이다.

신약성서에 언급된 유일한 기독교의 제사장은 예수 자신이었다. 히브리서에 단 한 번 그 직함으로 불리는데, 그는 다른 목회의 직무를 모두 무용하게 만든 최후의 제사장으로 불리고 있다.(히브리서 7:28, 9:12, 10:12) 히브리서에는 그를 따르던 어느 누구도 그의 목회 직무를 공유하거나, 이어받거나, 영속케 했다는 언급은 없다.

✤ 성전

유대 제사장은 성전에서 예배를 드리고 제물을 바치기 위해 존재했다. 예수는 성전은 곧 필요없게 될 것이기 때문에 제사장은 더 이상 필요하지 않다고 생각했다. 사마리아 사람으로서 예루살렘의 성전이 아니라 타 종파 지역인 그리심 성전에서 기도를 드리던 한 여인에게 예수는 자신의 이러한 생각을 밝혔다.

유대인들과 사마리아 사람들 간의 반목은 예루살렘에서 온 대제사장이 그리심의 성전을 불태워 없앤 BC 128년에 더욱 극심해졌다. 사마리아 사람들은 이단적인 행위로 인해 예루살렘의 유대인들로부터 부정하게 취급되었다. 하지만 예수가 치료해준 문둥병자들 중 한 명은 사마리아 사람이었다.(누가 17:16) 그러므로 그 사내는 예수가 치료해주기 전까지는 이중으로 부정한 사람이었던 셈이다.

예수는 대제사장과 제사장 무리(그리심 성전을 파괴했던 계급)가 피해 지나쳤던, 치명상을 입은 한 남자를 도와주었던 사마리아 여행자의 이야기를 들려주는 것으로 사마리아 사람들에 대한 연민을 드러냈다.(누가 10:30-36) 부상을 당한 그 남자는 거의 죽게 될 지경이었지만 레위 법에서는 죽은 사람을 만지면 그 사람도 부정하게 된다고 규정되어 있었다. 그것이 바로 그 문장에서 계율을 잘 지키는 유대인들이 '피하여 지나갔다(antiparēlthon)'라며 거의 사용하지 않는 이중의 복합동사를 사용한 이유였다.

이 '착한 사마리아인'의 이야기는 단순히 구원자가 지닌 착한 심성을 보여주기 위해 자주 거론된다. 하지만 이 이야기는 유대 제사장들의 비인간적인 정결규례의 결과를 보여주는 것이기도 하다. 또한 그 이야기는 바로 '종교'의 형식주의에 대한 예수의 비난을 분명하게 보여주는 것이다.

예수는 그 사마리아 여인에게 들려준 설교를 통해 사마리아 사람들에 대한 연민을 보다 명확히 드러내고 있다. 과거에 그가 사마리아를 가로질러 가려 했을 때, 예루살렘의 성전으로 가려는 것임을 알아차린 그들이 자신들의 땅을 그런 목적으로 사용해서는 안 된다며 거부했음에도 불구하고, 그는 사마리아의 성전이 있던 자리를 여행하는 것으로 관습에 도전했던 것이다.

분개한 예수의 제자들이 준엄한 하늘의 불을 내려 종파분리자들을 태워버리라고 명령하자고 했지만 예수는 "인자가 온 것은 사람의 생명을 멸하려 함이 아니라 구원하려 함이다"(누가 9:56)라며 만류했다. 이것은 그가 모든 사람들 중에서도 구원자로서의 사마리아 사람의 이야기를 다시 강조하려는 것이다. 그리하여 이번에는 성전을 향해 가는 것이 아니므로 아무런 방해도 받지 않고, 우물가의 여인과 함께 예수는 다시 사마리아 땅을 가로질러 가는 것이다.

그는 부정한 한 여인과 이야기를 나누는 것으로 또 다른 금기를 깨뜨렸다. 그녀가 종파분리주의자임은 물론, 다섯 번이나 결혼했지만 지금은 남편이 아닌 사내와 살고 있어, 평판이 나쁘다는 것을 알고 있음을 밝히는 것은, 율법에 순종하는 사람들이 지켜보는 가운데 점점 더 공격의 강도를 더해가고 있는 것이다. 그런 모든 것들에도 불구하고, 예수는 그녀에게 깊은 동정심을 보였고, 그녀는 그를 '선지자'로 인식했던 것이다.

그들의 대화는 우선 정화의식으로부터 시작된다. 예수는 그녀에게 물동이를 깊은 우물에 담가 자신에게 물을 떠달라고 부탁했다. 그녀는 망설였다. 만약 자신이 양동이로 물을 뜬다면 유대인인 그가 그물을 부정하게 여길 것임을 알고 있었기 때문이었다. 예수는 그녀에게 자신이 영원히 더럽혀지지 않을 물을 가져왔다고 말한다. 내면적 순결의 '생명수'로서 '내가 주는 물은 그 사람 속에서, 영생에 이르게 하는 샘물이 될 것'이라고 말한다.(요한 4:14) 그가 가져온 생명은 외적인 정화에 의존하지 않는 것이다.

그리고 나서 그는 사마리아 사람과 다른 유대인들이 성전터를 두고 싸우고 있는, 반목의 뿌리에 대해 언급한다.

"여자여, 내 말을 믿어라. 너희가 아버지께, 이 산에서 예배를 드려야 한다거나, 예루살렘에서 예배를 드려야 한다거나, 하지 않을 때가 올 것이다. 너희는 너희가 알지 못하는 것을 예배하고, 우리는 우리가 아는 분을 예배한다. 구원은 유대사람에게서 나기 때문이다. 참되게 예배를 드리는 사람들이, 영과 진리로 아버지께 예배를 드릴 때가 온다. 지금이 바로 그 때다. 아버지께서는 [외형적인 형식주의를 통해 예배하는 사람이 아니라] 이렇게 예배를 드리는 사람들을 찾으신다. 하나님은 영이시다. 그러므로 하나님께 예배를 드리는 사람들을 찾으신다."(요한 4:21-24)

그 여인은 그것은 진실이며, 메시아가 꼭 오실 것이라고 말한다. 그러자 예수는 "너에게 말하고 있는 내가 그다"(요한 4:26)라고 대답한다.

이곳이 바로 예수가 하나님을 만나는 장소로서 자신이 성전을 대신하게 될 것이라고 밝히는 여러 곳 중 한 곳이다. 성공회 주교이며 성서학자인 N.T. 라이트는 다음의 혼란스러운 비유 또한 성전을 말하는 것이라고 생각한다.

"악한 귀신이 어떤 사람에게서 나왔을 때에, 그는 쉴 곳을 찾느라고, 물 없는 곳을 헤맸으나 찾지 못하였다. '내가 나온 집으로 되돌아가야겠다' 하고 말한 후에 돌아와서 보니, 그 집은 비어 있고, 말끔히 치워져 잘 정돈되어 있었다. 그래서 그는 가서 자기보다 더 악한 딴 귀신 일곱을 데리고 와서, 그 집에 들어가 자리를 잡고 살았다. 그래서 그 사람의 나중 형편이 처음보다 더 비참하게 되었다. 이 악한 세대도 그렇게 될 것이다."(마태 12:43-45)

라이트는 그 '집'이 바로 마카베오[2]와(마카베오 4:36-51) 그 후의 개혁가들에 의해 '말끔히 치워져 잘 정돈되어 있었'지만 세월이 흘러가면서 잘못 사용하여 더 나쁜 상태로 되돌려진 성전을 뜻하는 것이라고 설명한다.

성전은 하나님이 육신 없는 현신으로 머무는 가장 신성한 장소로 오직 제사장들만이 들어갈 수 있도록 허용되어 있었다. 그러나 하나님으로 향하는 통로인 예수에게는 누구나 가까이 다가갈 수 있다. 그는 인간들에게 건네진 하나님의 자기현신으로서 그들에게 하나님의 말씀을 전하는 것이다. "내가 너희에게 말한다. 성전보다 더 큰 이가 여기에 있다."(마태 12:6) 예수가 장사꾼들을 성전 밖으로 몰아낼 때, 지켜보던 사람들이 그에게 대들었다. "당신이 이런 일을 하다니, 무슨 표적을 우리에게 보여주겠습니까?" 예수는 이렇게 대답했다. "이 성전을 허물어라. 그러면 내가 사흘만에 다시 세우겠다." 그 유대사람들은 "이 성전을 짓는 데 마흔 여섯 해나 걸렸"다며, 성전을 사흘만에 다시 짓겠다는 순진한 생각을 비웃었다. 하지만 복음서는 "예수께서 성전이라고 하신 것은 자기 몸을 두고 하신 말씀이었다"라는 말을 덧붙이고 있다.(요한 2:21)

예루살렘의 성전은 서기 70년에 로마인들에 의해 파괴되었으며 다시는 복구되지 못했다. 하지만 예수는 이미 정박되어 있던 성전을 풀어내 종교적 과거로 떠내려 보냈으며, 그것을 하나님의 사랑의 화신인 자신에게 집중시킨 그 자신만의 내적 종교로 대치했다. 성직자들은 성전에 대한 그의 불경스러운 말들에만 집착하여 그가 고난을 겪고 있을 때 그를 비난하는 소재로 삼았다.(마태 27:40, 마가 15:9)

하지만 여기에서 유대교 자체에 대한 비난의 근거를 찾으려는 것은 잘못된 일이다. 그는 사마리아 여인에게 이렇게 말했다. "우리는

(유대인) 우리가 아는 분을 예배한다. 구원은 유대 사람에게서 나기 때문이다."(요한 4:22) 하지만 그는 종교의 — 모든 종교의 — 새로운 장을 가져온 것이다. 그것은 형식주의와 전조들에 바탕을 둔 것이 아닌 예수를 통한 하나님의 구현에 근거하는 것이다.

만약 예수가 로마에 있는 성 베드로 바실리카 성당[3]으로 걸어 들어갔다면 — 그런 점에서 몰몬교 예배당 혹은 로버트 슐러의 수정교회[4]도 마찬가지겠지만 — 성전에 대한 신성모독과 똑같은 반응을 보였을 것이다.

결론적으로 예수는 자신의 제자들에게 이교도의 왕처럼 '백성들 위에 군림'해서는 안 된다고 말한다.(누가 22:25) 바리새파 랍비들처럼 '회당에서 높은 자리에 앉기를 좋아'해서는 안 된다고 말한다.(누가 11:43) "또, 너희는 지도자라는 호칭을 듣지 말아라. 너희의 지도자는 그리스도 한 분뿐이시다. 너희 가운데서 으뜸가는 사람은 너희를 섬기는 사람이 되어야 한다. 자기를 높이는 사람은 낮아지고, 자기를 낮추는 사람은 높아질 것이다."(마태 23:10-12)

하지만 성 베드로 성당에서 그는 베르니니가 신격화한 '성 베드로의 의자'[5]를 장식하고 있는 금과 보석으로 만든 거대한 문장紋章으로 인해, 그 거대한 바실리카 성당이 성전이 되어 있음을 확인하게 될 것이다.

성 베드로 자신도 예수가 자기 앞에서 성스러운 모습으로 변하여,

영광에 싸여 나타난 모세와 엘리야와 함께 이야기 나누는 것을 보았을 때, 종교의 형식주의에 대해 아둔함을 드러낸 바 있다. 그들 두 사람은 예언자로서의 역할이 완수되었다는 뜻으로 예수만을 남겨 두고 떠나갔다.(누가 9:32) 그러나 베드로는 세 개의 예배소를 지으려고 했다. 그것은 누가가 말했듯이 "자기가 무슨 말을 하는지도 모르고" 있었기 때문이었다.(누가 9:33)

예수는 성전을 오두막이건 부유한 성당이건 간에 또 다른 건물들로 대체하기 위해 온 것이 아니라, 오직 그 자신만이 하나님을 만날 수 있는 장소라고 믿는, 마음의 종교를 널리 전파하기 위해 온 것이다. 얼핏 생각하면 예수가 오늘날 스스로 종교라 일컫는 것들을 대부분 인정하지 않을 것이라고 생각할 수도 있다. 하지만 한번 더 생각해보면 현재의 종교는 그가 비난했던 정결규례와 안식일 규례, 희생제 그리고 성전과 같은 것들을 영속시키면서도, 그것을 너무나도 당연하게 생각하고 있다는 것을 알 수 있다. 그러므로 종교의 적대자였기 때문에, 종교가 예수를 죽인 것은 당연한 일이다.

그의 제자들도 그와 똑같은 이유로 살해되었을 것이다. 첫번째 순교자인 스데반은 성전 파괴를 예언했다는 이유로 돌에 맞아 죽었다.(사도행전 6:14) 스데반은 자신을 처형하려는 자들에게 예수가 사마리아 여인에게 했던 이야기를 들려주었다. "그런데 가장 높으신 분께서는 예언자가 말한 바와 같이 사람의 손으로 지은 건물 속에서 살지

않으십니다. '나 주가 말한다. 하늘은 나의 보좌요, 땅은 나의 발판이다.'"(사도행전 7:48-49)

예수가 거부했던 것은 어떤 종류의 종교였을까? 그것은 자화자찬하기를 즐겼던 바리새파처럼 자신들의 미덕을 거들먹거리는 모든 종교들이었다. 멋대로 판단하고 비난하며, 고통스러운 짐을 나누거나 덜어주려 하기보다, 쉽게 더욱 더 많은 짐을 지우려는 독선적인 모든 종교들이었다.

자신들의 지도자들만을 찬양하고, 그들을 치장하는 것을 자랑하며 그를 위해 값비싼 기념물을 세우는 모든 종교들이었다. 가난한 자들을 무시하고 부자들을 이롭게 하는 종교, 버림받은 자들을 경멸하고 속세의 지배자들에게 아첨하는 모든 종교들이었다.

만약 지금까지 열거한 것들이 우리가 알고 있는 모든 형태의 종교들을 가리키는 것이라고 생각한다면, 예수가 지키려 했던 종교에서 우리들이 얼마나 멀찌감치 떨어져 있는지 알 수 있을 것이다.

❚ 주 ❚

1) 서문의 주)4 참조.

2) BC 2세기~BC 1세기에 걸쳐 예루살렘을 중심으로 유대인을 지도하고 왕조를 이룩한 유

대인의 일족을 말한다. 하스몬가(家)라고도 한다. '마카베오'란 원래 유대인의 헬레니즘
화를 강요한 시리아의 안티오코스 4세에 대한 반란을 지도한 하스몬가의 주교 마타티아
스의 셋째 아들인 유다에게 붙여진 영예의 호칭이었으나, BC 2세기경부터는 그 일족이
나 왕가를 가리킨다.

3) 왕궁 등을 뜻하는 그리스어 바실리케에서 유래한다. 로마시대의 법정이나 상업 거래소,
집회장으로 사용된 건물이며 로마네스크와 고딕식 성당에 영향을 끼쳐 교회 건축 형식의
기초를 이룬다. 교황으로부터 특권을 받아 일반 성당보다 격이 높은 성당을 일컫는다.

4) 로버트 슐러는 미국에서 가장 영향력 있는 종교 지도자 중 하나로 인정받는 목사이다.
1955년 캘리포니아주 오렌지카운티에서 이동 영화관 스낵바 지붕에서 설교를 하다가 '능
력의 시간'이라는 교회 TV 쇼를 방송했고 큰 인기를 얻었다. 지금도 이 방송은 세계 2천
만 명이 매주 시청하고 있는 세계에서 가장 오래된 종교방송이다. 수정교회는 미국 내에
서 신도가 1만 명이 넘으며 예산이 7천 2백만 달러에 달하는 대표적인 교회로, 1만 개의
유리창으로 이루어진 거대한 건물이다.

5) 이탈리아의 조각가이며 건축가인 베로니니가 알렉산드로 7세 때 만든 바로크풍의 의자로
성 베드로 대성당에 있다. 13세기 성 베드로가 복음을 전파할 때 사용했다는 나무 의자
를 본딴 것이다. 전문가들의 오랜 연구 끝에 바오로 6세는 이 성 베드로의 의자를 종교사
의 가장 값진 유물로 결정했다. 이 의자는 875년경 카를 황제가 왕관과 더불어 교황에게
바친 것이다. 왕관 앞 부분에는 헤라클레스의 힘찬 모습이 상아로 새겨져 있다. 중세의
라틴어 기록에서는 교황의 지위를 베드로의 의자라는 수사로 자주 표현하고 있다.

제5장
———
하나님의 나라

✣ 예수가 교회를 세웠을까?

잠깐 생각해보자. 예수가 과연 교회를 세우지 않았던 것일까? 신약성서의 초기 저작물들은 그리스도가 죽은 지 20년 후에 기독교 '교회들'에게 쓴 바울의 편지들이었다.

일반적으로 '교회'라고 번역되는 그리스 단어는 에클레시아(*ekklēsia*), 즉 '회중'이며, 이 단어는 단 하나의 복음서에만 등장한다(마태복음). 사도행전 19장 32절과 40절에서는 '군중'이라는 뜻으로 사용된다.

바울이 편지를 보냈던 모임들은 이미 설명했듯이 전혀 계급적이지 않았던 집단이었다. 그는 그 집단의 지도자에게 편지를 쓴 것이 아니라 성직자가 없는 회중에게 보낸 것이다. 더 나아가 현재 우리가 알고 있는 것과 같은 교회 건물을 의미하는 교회도 없었다.

회중은 집에서 모임(*oikoi*)을 가졌다.(고린도전서 1:16, 16:19, 로마서 16:5, 빌레몬서 1:2, 골로새서 4:15, 사도행전 11:14, 12:12) 일반적으로 바울이 기독교도들을 말할 때 '믿음의 식구들(*oikeioi*)'이라 부르는 것이 표준이었다.(갈라디아서 6:10)

이들 견실한 모임들은 '사도들'이 이끌지 않았다. '사도'라는 단어는 '보내진(*apo-stello*에 어원을 둔)' 사람을 뜻하는 것으로 하나의 공동체에서 다른 공동체로 보내진 사자使者이다. 바울은 사도가 된다는 의미를 사절(*prebeutēs*)(고린도후서 5:20, 에베소서 6:20)이 된다는 것과 동일시했다. 그러므로 사도로서의 베드로와 바울은 주님의 형제로서의 사도가 아닌, 예루살렘 회중의 '기둥들' 중 하나인 야고보와 대비하여, 단순히 안디옥에 모인 회중에 보내진 사절인 것이다.

사도들을 열두 제자를 칭하는 것으로 생각하는 것은 일반적인 오류다(바울도 본래의 열두 제자에 포함되지 않으면서, 스스로를 사도라고 불렀기 때문에). 하지만 네 개의 복음서 중 두 개에서 열두 제자는 그저 열두 제자로 불릴 뿐이며, 세번째 복음서(누가복음)에서는 일상적으로 그렇게 부르고 있다.

복음서에서 '열두 사도'를 언급하는 것은(마태 10:2) 예수가 공식적인 사역을 수행하고 있는 동안 일시적인 임무를 띠고 다른 지역의 유대인들에게 '보내진' 것으로 표현될 때를 나타내는 것이다(그것은 공식적인 사절로서 보내진 것이다). 그 외의 경우에 '사도'는 여인 유니아를 포함하여(로마서 16:7) 많은 '사절들'(고린도전서 15:7)을 지칭하는 광의의 용어인 것이다.

열두 사도는 그와는 달리 예언적이며 내세론적인 역할을 분명하게 품고서 이스라엘 열두 지파의 재결합을 관장했다. 베드로가 예수를 따르기 위해 모든 것을 버리고 간다면 자신과 다른 제자들에게 어떤 보상이 있을 것인지 물었을 때, 그는 이런 대답을 들었다.

"내가 진정으로 너희에게 말한다. 새 세상에서 인자가 자기의 영광스러운 보좌에 앉을 때에, 나를 따라온 너희도 열두 보좌에 앉아서, 이스라엘의 열두 지파를 심판할 것이다. 내 이름을 위하여 집이나 형제나 자매나 아버지나 어머니나 자식이나 땅을 버린 사람은, 백 배나 받을 것이요, 또 영원한 생명을 물려받을 것이다. 그러나 첫째가 된 사람들이 꼴찌가 되고, 꼴찌가 된 사람들이 첫째가 되는 경우가 많을 것이다."(마태 19:28-30)

마지막 문장에서 드러나는 반 계급성은 열두 사도가 교회 지배와는 아무런 관련이 없다는 상징예언적인 의미를 보여준다. 그 문장은 가톨릭 신부이며 성서학자인 존 마이어가 내린 결론, 즉 예수는 자신의 운동에 권력 구조를 전혀 부여하지 않았다는 것을 확인시켜준다.

하지만 베드로의 경우는 무엇일까? 예수는 베드로 위에 자신의 교회를 짓겠다 하고, 그에게 천국으로 가는 열쇠를 주지 않았던가? 그렇다. 베드로는 분명 열두 사도 중 지도자적인 일원이다. 하지만 그도 다른 사도들이나 제자들과 마찬가지로 제사장은 아니었으며, 감독은 더더욱 아니었다. (안디옥의 이그나티우스의 편지에서 증명되듯이) 그가 살아 있는 동안 주교는 어디에도 없었으며, 2세기 전까지는 로마에도 전혀 없었다. 우리가 알고 있듯이 자신을 표현하는 편지에서, 그는 자신을 제사장이나 수석장로라 부르지 않고 단지 장로들 중 한 명이라고 했다.

가톨릭 학자인 레이먼드 브라운은 이렇게 썼다. "베드로는 안디옥이나 로마를 포함하여 그 어떤 교회의 감독이나 지역 행정가로서 봉직한 적이 전혀 없다."

하지만 예수는 베드로 위에 교회를 세우겠다고 말하지 않았던가? 그 말씀은 이렇다. "너는 베드로(*Petros*)다. 나는 이 반석(*petra*) 위에다가 내 교회(*ekklēsia*)를 세우겠다. 죽음의 문들이 그것을 이기지 못할 것이다. 내가 너에게 하늘나라의 열쇠를 주겠다. 네가 무엇이든지 땅에서 매면 하늘에서도 매일 것이요, 땅에서 풀면 하늘에서도 풀릴 것이다."(마태 16:18-19) 하지만 예수는 같은 복음서에서 그와 똑같은 권능을 베드로에게만 준 것이 아니라 제자들 모두에게 주었다. "내가 진정으로 너희에게(hymin, 복수대명사) 말한다. 무엇이든지, 너희가 땅에서 매면 하늘에서도 매일 것이요, 땅에서 풀면 하늘에서도 풀릴 것이다."(마태 18:18) 이것을 근거로 아우구스티누스는 베드로가 단지 '교회의 대표'일 뿐이라는 결론을 내린다. 그리고 사실 초대 교회에서는 공동체가 전체의 의견으로 구성원들을 받아들이거나 추방할 수 있는 권한이 있었다.

베드로에게 주어진 자격은 그가 제자들 중에서 가장 현명하다거나, 가장 견실한 믿음을 갖고 있다거나 또는 가장 뛰어나기 때문에 주어진 것이 아니다. 그는 이러한 품성들과는 전혀 관계가 없는 사람이었다. 그는 평판이 나쁜 여자가 "이 여자는 그 많은 죄를 용서받았다. 그것은 그가 많이 사랑하였기 때문이다"(누가 7:47)라 했던 것과 같은 이유로 편애를 받았던 것이다.

그러므로 예수는 "시몬아, 네가 이 사람들보다 나를 더 사랑하느냐?"(요한 21:15-17)라고 세 번 묻는 것으로 자신을 세 번이나 부정했던 베드로를 용서하는 것이다. 베드로가 자신의 계승자에게 넘겨줄 수 있는 특별한 권한을 부여받았다는 생각은 그의 계승자가 없다는 것 때문에 문제에 봉착하게 된다.

베드로에게 가상적인 감독 직위의 '사도전승'이 있었다는 생각은 수세기 동안 구현되지 못했다. 그래서 그 기간에 해당하는 가상의 전승을 만들어내기 위해 베드로와 몇몇 사람들을 소급하여 로마의 주교bishop라고 불렀던 것이다.

그렇게 했음에도 불구하고, 교황의 계보에 단절이 없었던 것은 아니었다. 때때로 두 명 혹은 세 명의 교황 주장자들이 있었으며, 세 명이 있었을 때는 각자가 다른 두 명을 파문하여 그들 모두 권좌에서 물러나야 했다. 그로 인해 콘스탄츠 공의회는 1417년에 새로운 선출을 통해 사도전승을 새롭게 다시 시작했다.

하지만 1998년 당시 라칭거 추기경으로 신앙교리성의 장관이었던, (현재의) 교황 베네딕토 16세는 성공회의 주교와 성직자들은 사도전승에서 벗어나 있기 때문에 가짜 성사를 집전하는 가짜 주교이며 가짜 성직자라는 글을 썼다. 다시 말해 그들은 성령에 의해 인도되는 것으로 인정되는 교황 선출에 의해 보증된 계보가 아니라는 것이다. 즉, 뇌물과 협박 그리고 황제의 간섭이 주요한 결정 요소가 되었던 계보라는 뜻이다.

이렇게 계승에 있어 악명 높았던 교황직은 자주 돈으로 사들이거나 돈을 받고 팔기도 했다(베네딕토 10세). 교황들은 아주 오랫동안 다양한 세속의 통치자들에 의해 임명되었다. 교황들은 이단적이었으며(리베리우스, 호노리우스), 전쟁을 일으키고, 통치 행위를 했으며(군대와 첩자와 고문자들을 완벽하게 갖추고), 이교도(남부 프랑스의 알비겐시안) 혹은 무신론자들의 학살을 묵인했다.

이러한 전승이 로마의 교황인 베드로의 신비로운 의자와 관련이 없는, 비가톨릭 교회의 거룩한 기독교인들을 배척하고 있는 것이다.

예수는 '두세 사람이 내 이름으로 모이는 자리에는, 내가 그들과 함께 있다'고 했다(마태 18:20). 예수의 이름으로 함께 모여 가슴으로 예수를 섬기는 성공회 교인들에게 무슨 이유로 로마의 교황이 있어야 하는 것일까? 베네딕토 16세의 견해는 누가복음서에 등장하는 사도 요한을 떠올리게 한다.

요한이 예수께 말하였다. "선생님, 어떤 사람이 선생님의 이름으로 귀신을 내쫓는 것을 우리가 보았습니다. 그런데 그 사람은 우리를 따르는 사람이 아니므로, 우리는 그가 그런 일을 하지 못하게 막았습니다." 그러나 예수께서는 그에게 말씀하셨다. "막지 말아라. 너희를 반대하지 않는 사람은 너희를 지지하는 사람이다."(누가 9:49-50)

베네딕토 교황의 배타적인 태도는 예수가 반대했던 바로 그 종교가 예수의 혈통을 이어받았다고 주장하는 교회를 점거해버리는 것과 같은 하나의 예일 뿐이다. 이것은 예수가 살아 있을 때에도 나타났던 경향이었다. 눈먼 거지가 예수를 외쳐 부를 때, 제자들은 그에게 조용히 하라고 꾸짖었지만, 예수는 "걸음을 멈추시고, '그를 불러오라' 하고 말씀하셨다."(마가 10:49)

사람들이, 어린이들을 예수께 데리고 와서, 쓰다듬어 주시기를 바랐다. 그런데 제자들이 그들을 꾸짖었다. 그러나 예수께서는 이것을 보시고 노하셔서, 제자들에게 말씀하셨다. "어린이들이 내게 오는 것을 허락하고, 막지 말아라. 하나님 나라는 이런 사람들의 것이다. 내가 진정으로 너희에게 말한다. 누구든지 어린이와 같이 하나님의 나라를 받아들이지 않는 사람은 거기에 들어가지 못할 것이다." 그리고 예수께서는 어린이들을 껴안으시고, 그들에게 손을 얹어서 축복하여 주셨다.(마가 10:13-16)

이러한 배척은 평신도(특히 여성들)들을 제단으로부터 배제하고, 비밀 콘클라베[1]와 의사결정과 헌금을 관리하는 일에서 배제하여, 신성화한 제단과 신성화한 남자들 그리고 '손가락 신성화하기'로 포장된 신성 규약과 함께 '기독교' 사제직의 재정립이라는 형태로 나타났다. 평신도들을 사제와 분리하는 중세시대의 커다란 장벽이었던 '십자가상 휘장'은 오랜 시간 동안 '영성체대'로 되살아나 있었다.

유대(그리고 그 외의)법 하에서 생리를 한다는 이유로 부정하게 취급되던 상태로 되돌려진 여성들은 교회의 성소 안으로 들어갈 수 없게 되었다. 그로 인해 제대포(제단을 덮어 두는 하얀 천)마저도 성소 밖에서 그것을 세탁할 수녀들에게 건네졌던 것이다. 이런 집단들에게는 성전을 정화했던 예수의 노력은 헛된 것이었던 셈이다.

✣ 하나님 나라

만약 교회를 설립하기 위해서가 아니었다면 예수는 왜 왔던 것일까? 그는 처음부터 이 문제에 대해 거듭 이야기했다. 그는 우리에게 하나님의 나라를 가져온 것이다. "때가 찼다. 하나님의 나라가 가까이 왔다. 회개하여라. 복음을 믿어라."(마가 1:15, 누가 10:9-11)

'나라'(basileia)에 해당하는 단어는 일반적으로 '왕국'으로 번역되지만, 그것은 오해를 불러일으키기 쉽다. 왕국은 어떤 장소나 정치적인 체제를 나타내지만, 그리스도의 나라는 예수의 실존 그 자체인 것이다. 한편으로 그는 주기도문에서 우리들에게 '나라가 임하게' 해줄 것을 요구하라고 했으며, 그 나라는 종말Eschaton, 즉 세상이 완성될 때에만 완전하게 올 것이라고 했다.

하지만 그는 또한 처음에는 설교와 치유, 그리고 자신의 죽음과 부활로 자신을 통해 하나님의 사랑이 계시되는 것으로 이미 그 나라가 임했다고 말하기도 한다. 창조의 새로운 질서가 시작된 것이다.

그는 사역을 하는 동안 '하나님의 나라는 너희 가운데 있다'(누가 17:21)고 말했다. 이 말은 마태복음에 씌어진 '두세 사람이 내 이름으로 모이는 자리에는, 내가 그들과 함께 있다'(마태 18:20)는 말과 같은 의미를 지닌다. 예수는 하나님 나라와 자신의 실재를 동일하다고 생각하는 것이다. 그가 일으킨 기적들은 이것을 증명하기 위한 것들이었다. "그러나 내가 하나님의 능력을 힘입어 귀신들을 내쫓으면, 하나님의 나라가 이미 너희에게 온 것이다."(누가 11:20) 요한의 제자들이 예수에게 '기다리던 그분' 즉, 메시아인지 물었을 때, 예수는 메시아가 당도했다는 징표들을 제시한다. "눈먼 사람이 다시 보고, 다리 저는 사람이 걷고, 나병 환자가 깨끗해지고, 귀먹은 사람이 듣고, 죽은 사람이 살아나고, 가난한 사람이 복음을 듣는다."(누가 7:22)

하나님의 공표인 '복음'은 일반적으로 '좋은 소식'으로 번역되지만, 보다 정확하게는 메시아가 당도했다는 소식이다.

예수가 사마리아 여인에게 말했듯이, 예언된 메시아는 그녀와 함께 있는 것이다.(요한 4:26)

그는 제자들에게 별도로 이런 이야기를 들려준다. "너희가 보고 있는 것을 보는 눈은 복이 있다. 내가 너희에게 말한다. 많은 예언자와 왕이, 너희가 지금 보고 있는 것을 보고자 하였으나 보지 못하였고, 너희가 지금 듣고 있는 것을 듣고자 하였으나 듣지 못하였다."(누가 10:23-24) "너희에게는 하늘나라의 비밀을 아는 것을 허락해주셨다."(마태 13:11) 그러므로 이미 그 나라에 들어선 사람들도 있는 것이다.(마태 21:31) 제자들과의 마지막 만찬에서 그는 이렇게 말한다. "내 아버지께서 내게 왕권을 주신 것과 같이, 나도 너희에게 왕권을 준다."(누가 22:29)

하지만 하나님 나라는 비록 예수의 선포를 통해 이 땅에 왔지만 그 영광은 완성되지 않았다. 그 나라는 역동적인 진행 과정에 있으며 안정된 장소이거나 안정된 체제는 아니다. 그것은 두 가지가 아니며, 하나는 현재에 있고 또 하나는 오고 있는 중이다. 그 나라는 펼쳐지고 있는 중인 것이다. 그것은 처음에 아주 소수의 사람들에 의해서만 인식되었던 예수 그 자체이지만, 아버지로부터 받은 임무를 완수하는 것으로 그의 영향력을 확장하고 있다.

그것에는 도달해야만 하는 단계들이 있다. 처음에는 그의 죽음과 부활 그리고 찬양이 있었고, 그것의 완성으로써 새로운 질서를 가져오는 그의 마지막 재림이 있다. 그렇게 된 후에야 전 우주는 하나님 아버지와 완전하게 하나가 될 것이다. 그것이 바로, 그곳에 들어갈 미래에 대해 이야기하고(마태 19:23-26, 20:21-22, 21:43) 또 그곳에 들어가는 것의 어려움에 대해 말하면서도(마가 10:22-25, 누가 18:24-26) 예수가 자신의 제자들 중에 이미 그 나라가 있다고 말할 수 있는 이유인 것이다.

여러 단계를 거친 왕국의 출현은 '하나님의 나라는 마치…'라고 시작하는 비유들에 의해 강조된다.

그것은 이미 뿌려졌지만 비옥한 땅에 떨어지기 전까지는 아무런 결실도 맺지 못할 씨앗과 같다.(마태 13:18-23) 그것은 알지 못하는 사이에 뿌려져 갑작스럽게 싹을 틔우는 씨앗과 같거나(마가 4:26-29) 혹은 믿을 수 없을 만큼 작지만 때가 되면 엄청난 크기로 자라나는 겨

자씨와 같은 것이다. 그것은 추수 때가 되어서야 골라낼 수 있는 잡초와 함께 자라는 밀과 같다.(마태 13:25-30) 그것은 밀가루 반죽 속에서 서서히 부풀어 오르는 누룩과도 같다.(마태 13:33, 누가 13:20-21) 그것은 어떤 사람이 돈을 주고 산 후에야 파낼 수 있는 보물을 숨겨 놓은 밭과 같다.(마태 13:44) 그것은 누군가가 살 수 있는 돈을 다 모은 후에야 얻을 수 있는 값진 진주와 같다.(마태 13:45) 그것은 자신의 채무자에게 인정을 베푸는 자들은 용서하고, 자신에게 진 빚을 조금씩 갚도록 해준 왕²⁾과 같다.(마태 18:23-35) 그것은 늦게 온 일꾼까지도 하루 품삯을 지불해주는 포도원 주인과 같다.(마태 20:1-16) 그것은 자기 아들의 결혼식에 사람들을 초대했지만 초대한 사람들이 오지 않자 다른 이들을 데려온 어떤 왕과 같다.(마태 22:1-14) 그것은 등불의 기름을 준비한 처녀들과 기름을 준비하지 않은 처녀들이 참여하려 했던 혼인 잔치와 같다.(마태 25:1-13) 그것은 여행을 떠나며 자신의 재산을 남에게 맡겨 두었는데, 그 중 몇몇은 그 재산을 지혜롭게 활용했지만, 그렇게 하지 못한 사람도 있었던 주인과 같다.(마태 25:14-30)

이러한 예수의 나라의 성장과 계시의 진행 과정에서, 그 어느 곳에서도 세속적인 왕국을 주장하거나 용납하지 않고 있다. 사실 예수는 자신을 왕으로 삼으려는 사람이 생기자, 산으로 피신했다.(요한 6:15) 빌라도가 그에게 왕인지 물어보았을 때, 그는 이렇게 대답한다.

내 나라는 이 세상에 속한 것이 아니오. 나의 나라가 세상에 속한 것이라면, 내 부하들이 싸워서, 나를 유대 사람들의 손에 넘어가지 않게 했을 것이오. 그러나 내 나라는 이 세상에 속한 것이 아니오. (요한 18:36)

예수는 자신이 로마의 점령을 끝장내기 위해 애쓰는 유대 반군이 아니라는 것을 말하고 있는 것이다.

그럼에도 불구하고 빌라도는 그를 정치적인 인물로 여겨, 십자가에 그의 죄명을 '나사렛 예수, 유대인의 왕'이라고 못 박았다. 앞에서 종교가 예수를 죽였다고 했다. 하지만 정치 역시 그를 죽였다.

그는 정치를 하지 않았지만 비현세적인 주장을 두려워한 현세의 왕국이 그를 죽음으로 몰아간 것이다. 예수의 탄생에 공포스러운 반응을 보였던 헤롯왕 시대부터 세속의 권력은 그가 권좌에 오르려 했기 때문이 아니라, 권좌가 주장하는 최고의 권위를 꺾어버렸기 때문에 예수를 두려워할 수밖에 없었던 것이다.

마가복음 12장 16절에서 예수가 말했듯이, 그의 조국을 점령하고 있던 자들은 데나리온 은화에 초상과 글자를 새겨 넣는 것으로 자신들의 권위를 공표했다. 은화에는 '티베리우스 카이사르 아우구스투스, 신성한 아우구스투스의 아들'이라고 새겨져 있었다. 그러한 신성 모독적인 동전을 사용해야만 하는지를 묻는 사람들에게 그는 한마디로 냉정하게 대답한다. "황제의 것은 황제에게 돌려주고, 하나님의 것은 하나님에게 돌려드려라."(마가 12:17) 그것은 세속 권력이 감당할 수 없는, 세속 권력의 주장에 대한 도전인 것이다.

하나님 나라는 세속의 나라가 주어진 권한보다 더 많이 주장하는 것을 꺾어버리기는 할지라도, 기독교인들을 세속의 법에 따라 모든 인류에게 동등하게 주어진 의무들에서 면제시켜주지는 않는다. 하지만 하나님 나라는 그러한 법들의 범위를 훨씬 더 높이 뛰어넘는다.

그곳에서는 가장 비천한 사람과 내쫓긴 자를 마치 예수 자신인 것처럼 대한다. 이러한 최우선적인 의무를 모든 나라의 구조 속에 억지로 주입시키려는 사람은, 빌라도가 그랬던 것처럼 예수를 왕으로 만들어버리는 것이다. 그런 사람들은 예수가 아닌 예수의 적들이 인도하는 대로 따라가는 것이다. 예수의 나라가 갖고 있는 프로그램은 체계적인 반정치학으로 볼 수 있을 것이다. 다음과 같은 기준에서라면 어떤 정치인이 선출될 수 있을까?

그러나 내 말을 듣고 있는 너희에게 내가 말한다. 너희의 원수를 사랑하여라. 너희를 미워하는 사람들에게 잘 해주고, 너희를 저주하는 사람을 축복하고, 너희를 모욕하는 사람을 위하여 기도하여라. 네 뺨을 치는 사람에게는, 다른 뺨도 돌려대고, 네 겉옷을 빼앗는 사람에게는 속옷도 거절하지 말아라. 너에게 달라는 사람에게는 주고, 네 것을 가져가는 사람에게서 도로 찾으려고 하지 말아라. 너희는 남에게 대접을 받고자 하는 대로 남을 대접하여라.

너희가 너희를 사랑하는 사람만 사랑하면, 그것이 너희에게 무슨 장한 일이 되겠느냐? 죄인들도 자기네를 사랑하는 사람들을 사랑한다. 너희를 좋게 대하여 주는 사람들에게만 너희가 좋게 대하면, 그것이 너희에게 무슨 장한 일이 되겠느냐? 죄인들도 그만한 일은 한다. 도로 받을 생각으로 남에게 꾸어주면, 그것이 너희에게 무슨 장한 일이 되겠느냐? 죄인들도 고스란히 되받을 요량으로 죄인들에게 꾸어준다. 그러나 너희는 너희 원수를 사랑하고, 좋게 대하여 주고, 또 아무것도 바라지 말고 꾸어주어라. 그러면 너희는 큰 상을 받을 것이요, 더없이 높으신 분의 아들이 될 것이다. 그분은 은혜를 모르는 사람들과 악한 자들에게도 인자하시다. 너희의 아버지께서 자비하신 것같이, 너희도 자비로운 사람이 되어라.

남을 심판하지 말아라. 그리하면 하나님께서도 너희를 심판하지 않으실 것이다. 남을 정죄하지 말라. 그러면 하나님께서도 너희를 정죄하지 않으실 것이다. 남을 용서하여라. 그리하면 하나님께서도 너희를 용서하실 것이다. 남에게 주어라. 그리하면 하나님께서도 너희에게 주실 것이니, 되를 누르고 흔들어

156

서, 넘치도록 후하게 되어, 너희 품에 안겨주실 것이다. 너희가
되질하여 주는 그 되로 너희에게 도로 되어서 주실 것이다.(누가
6:27-38)

이 말씀과 다른 '기독교 정치'를 실천하겠다고 주장하는 사람이라
면 그는 강탈자인 것이다.

✣ 하나님 나라로 들어감

어떻게 하면 하나님 나라에 들어갈 수 있을까? 도마가 예수에게
물었다. "우리가 어떻게 그 길을(하나님께 가는) 알 수 있겠습니까?"
예수는 이렇게 대답한다. "내가 곧 길이요 진리요 생명이다. 나로 말
미암지 않고서는, 아무도 아버지께로 올 사람이 없다."(요한 14:6)
궁극적으로는 하나님께서 자신의 아들을 심판의 권좌에 앉힐 때,
또한 지금처럼 하나님의 사랑을 오로지 그 안에서만 찾을 수 있을
때, 하나님 나라는 단순히 예수인 것이다.
왕국으로 들어가는 것은 예수와 일치를 이루는 행위이지, 정치적
인 활동은 아니다. 이것은 분명 종교적 규정이나 영역으로 이루어진
교회정치학적인 행동이 아닌 것이다. 예수는 오직 이러한 의미의 하

나님 나라 외에는 그 어떤 의미의 종교에 대해서도 반대했다.

하나님 나라는 믿는 자들을 예수와 하나되게 하는 것으로 하나님과 하나될 수 있게 한다. 예수는 이렇게 말한다. "내가 내 아버지 안에 있고, 너희가 내 안에 있고, 또 내가 너희 안에 있다."(요한 14:20) 이것이 바로 하나님 나라이며 그 외의 것은 없다.

언제나 내 안에 머물러 있어라. 그리하면 나도 너희 안에 머물러 있겠다. 가지가 포도나무에 붙어 있지 아니하면, 스스로 열매를 맺을 수 없는 것과 같이, 너희도 내 안에 머물러 있지 아니하면, 열매를 맺을 수 없다.

나는 포도나무요, 너희는 가지이다. 사람이 내 안에 머물러 있고, 내가 그 안에 머물러 있으면, 그는 많은 열매를 맺는다. 너희는 나를 떠나서는 아무것도 할 수 없다. 사람이 내 안에 머물러 있지 아니하면, 그는 쓸모 없는 가지처럼, 버림을 받아서 말라 버린다. 사람들이 그것을 모아다가, 불에 던져서 태워 버린다. 너희가 내 안에 머물러 있고 내 말이 너희 안에 머물러 있으면, 너희가 무엇을 구하든지 다 그대로 이루어질 것이다.

너희가 열매를 많이 맺어서 나의 제자가 되면, 이것으로 나의 아버지께서 영광을 받으실 것이다. 아버지께서 나를 사랑하신 것과 같이 나도 너희를 사랑하였다. 너희는 내 사랑 안에 머물러 있어라. 너희가 내 계명을 지키면, 내 사랑 안에 머물러 있을 것이다. 그것은 마치 내가 내 아버지의 계명을 지켜서 그 사랑 안에 머물러 있는 것과 같다. 내가 너희에게 이러한 말을 한 것은, 나의 기쁨이 너희 안에 있게 하고, 또 너희의 기쁨이 넘치게 하려는 것이다.

내 계명은 이것이다. 내가 너희를 사랑한 것과 같이, 너희도 서로 사랑하여라.(요한 15:4-12)

하나님 나라에 들어가는 길은 오직 하나, 사랑뿐인 것이다. 그 길은 예수에게로 인도해주는 것만이 아니다. 그 길은 예수다. "내가 곧 길이다."(요한 14:6) 이 글귀에 대한 아우구스티누스의 말은 모든 것을 명확히 보여준다.

"우리가 그분 외에 누구에게로 가야 할까? 그리고 그분을 통하지 않고 어떻게 갈 수 있을까? 그래서 그는 자신을 통해 자신에게로 간 것이다. 그리고 우리는 그를 통해 그에게로 간다. 그렇게 그와 우리는 모두 하나님에게 도달한다."

1) 새로운 교황을 뽑는 전 세계 추기경들의 비밀 회의. 교황이 사망하면 16~19일 사이에 교황청의 시스티나 성당에 모여 새로운 교황을 선출한다.

2) 주인에게 진 자기 빚은 탕감받고도 자기에게 빚진 자를 가혹하게 대했던 종에 대한 원래의 비유를 역설적으로 사용했다.

제6장
지옥으로 내려가다

✛ 나사로

　나사로에게 생명을 주었을 때, 예수는 자신의 죽음을 기꺼이 받아들였다. 나사로 자매들의 부탁을 들어주었을 때, 그는 사지로 되돌아간 것이었다. 그러므로 그의 제자들은 "선생님, 방금도 유대 사람들이 선생님을 돌로 치려고 했는데, 다시 그리로 가시려고 합니까?"(요한 11:8) 하며 만류했다.

　그래도 예수가 가겠다고 하자, 도마는 나머지 사람들의 심정을 대변하여 말한다. "우리도 그와 함께 죽으러 가자."(요한 11:16)

　하지만 예수가 나사로 자매들의 요청에 즉시 반응했던 것은 아니었다. 요한의 복음서는 예수가 그의 '시간'을 향해 다가오는 하나님의 예정된 때에 맞춰 행동하기 위해 기다렸음을 보여준다. 사역의 막바지에 이르러 그는 사역을 시작할 때, 가나의 혼인잔치에서 자기 어머니의 요청에 응하지 않았던 것과 같은 행동을 한다.

그는 인도주의적인 차원에서 기적을 일으키지는 않았다. 가나에서 그는 어울리지 않는 표적을 행하는 것을 통해 제자들에게 역사의 완성에 다가서고 있음을 확신할 수 있도록 했다.(요한 2:11) 예루살렘을 향한 마지막 여행을 시작하며 그는 제자들에게 자신의 역사를 향한 정점에 거의 다 당도했음을 밝힌다.

> 예수께서 대답하셨다. "낮은 열두 시간이나 되지 않느냐? 사람
> 이 낮에 걸어다니면, 햇빛이 있으므로 걸려서 넘어지지 않는다.
> 그러나 밤에 걸어다니면, 빛이 그 사람 안에 없으므로, 걸려서
> 넘어진다."(요한 11:9-10)

예수가 제사장들과 장로들에게 "지금은 너희의 때요, 어둠의 권세가 판을 치는 때다"(누가 22:53)라고 말할 때, 그 빛은 스러지려 하고 있는 것이다.

예수는 제자들에게 나사로를 '깨우러' 간다고 말한다. 하지만 이것은 야이로의 딸이나(마가 5:22-43) 나인성 과부의 아들에게 했던 것처럼, 임종에 이른 사람을 소생시키는 일이 아니었다. 나사로는 죽은

162

지 나흘이나 지났으며 이미 땅에 묻혀 있었던 것이다. 그의 자매들은 "주님, 죽은 지가 나흘이나 되어서, 벌써 냄새가 납니다"(요한 11:39)라고 말한다.

하지만 그것이 바로 예수가 한달음에 오지 않은 까닭이었다. 그는 인간적인 호의를 베풀기 위해 온 것이 아니라, 삶과 죽음에 대한 그의 권세를 선언하기 위해 온 것이다. 행동을 하기 전에 그는 마르다에게 이 사건이 어떤 의미를 지니고 있는지에 대해 명확하게 들려준다.

예수께서 마르다에게 말씀하셨다. "네 오라버니가 다시 살아날 것이다."

마르다가 예수께 말하였다. "마지막 날 부활 때에 그가 다시 살아나리라는 것은, 내가 압니다."

예수께서 마르다에게 말씀하셨다. "나는 부활이요 생명이니, 나를 믿는 사람은 죽어도 살고, 살아서 나를 믿는 사람은 영원히 죽지 아니할 것이다. 네가 이것을 믿느냐?"

마르다가 예수께 말하였다. "예, 주님! 주님은 세상에 오실 그리스도이시며 하나님의 아들이심을, 내가 믿습니다."(요한 11:23-27)

예수는 자신이 나사로를 일으켜 세울 수 있음을 증명해 보이면서,

제자들에게 스스로 원해서 죽음을 맞이하는 것임을 밝힌다.

"아버지께서 나를 사랑하신다. 그것은 내가 목숨을 다시 얻으려고 내 목숨을 기꺼이 버리기 때문이다. 아무도 내게서 내 목숨을 빼앗아 가지 못한다. 나는 스스로 원해서 내 목숨을 버린다. 나는 목숨을 버릴 권세도 있고, 다시 얻을 권세도 있다. 이것은 내가 아버지께로부터 받은 명령이다."(요한 10:17-18)

비록 예수는 위엄을 갖추어 이렇게 선언했지만, 복음서는 그가 나사로의 무덤으로 다가갈 때 이전에 전혀 보여주지 않았던 흥분에 싸여 있었음을 보여준다. 그 묘사는 강렬하다.

예수께서는, 마리아가 우는 것과 함께 따라온 유대 사람들이 우는 것을 보시고, 마음이 비통하여 괴로워하셨다. 예수께서 "그를 어디에 두었느냐?" 하고 물으시니, 그들은 "주님, 와 보십시오" 하고 대답하였다. 예수께서 눈물을 흘리셨다. 그러자 유대 사람들은 "보시오, 그가 얼마나 나사로를 사랑하였는가!" 하고 말하였다. 그 가운데서 몇몇 사람은 "눈이 먼 사람의 눈을 뜨게 하신 분이, 이 사람을 죽지 않게 하실 수 없었단 말이요?" 하고 말하였다.(요한 11:33-38)

만약 자신이 나사로를 다시 일으켜 세울 수 있음을 알고 있었다면, 예수는 왜 그토록 비통해 하며 눈물을 보였던 것일까? 그것은 자신의 고통이 시작되었기 때문이었다. 이번 죽음의 정복이, 자신이 지니고 있는 두려움과 인간적인 공포와 함께, 죽음에 대한 자신의 개인적인 투쟁의 일부분이라는 것을 알고 있었기 때문이었다.

그는 진정으로 신성한 만큼이나 인간적이었다. 그는 배고픔과 목마름 그리고 외로움과 고통을 알고 있었던 것이다. 그는 이런 모든 것들을 자신이 겪을 것이며 자신의 삶이 그보다 더 끔찍한 고통 속에 끝날 것임을 예견하고 있었다.

주변에 있던 사람들은 이러한 그의 행동이 암시하는 바를 전혀 이해하지 못했다. 요한은 겟세마네 동산에서 그가 보였던 번뇌를 제대로 전하지 못했다. 이것도 그때의 경우와 흡사한 것이다.

다른 복음서들에서는 성전에서 제의를 훼방했던 일을 예수가 체포되는 직접적인 원인으로 꼽는다. 광야에서의 시험을 예수의 사역의 시작으로 삼았던 누가처럼, 요한은 이 에피소드를 사역의 시작으로 꼽았으며, 이런 일화들이 예수의 공적인 사역 전체를 상징하는 것으로 제시했다.

요한은 나사로를 살려낸 일을 예수가 체포된 원인으로 꼽는다. 예수가 마르다에게 설명했던 것처럼 이 사건은 메시아적인 행위였다. 이 사건은 예수를 생명의 주님으로 분명하게 드러내 보이는 것이었으며, 그러므로 그는 죽어야만 했다.

더 나아가 그는 성전의 제사장들은 이제 더 이상 지속될 수 없다고 주장하고 있다. 그러므로 다시 살아난 나사로와 이야기를 나누기 위해 사람들이 베다니로 몰려들었다는 이야기를 전해 들은 제사장들은 나사로를 죽이기 위해 모의한다.(요한 12:10)

마틴 스코시지 감독은 자신의 영화 〈그리스도 최후의 유혹〉에서 나사로를 회생시키는 데, 어떤 위험들이 도사리고 있는지를 보여준다. 죽음의 권위에 도전하는 예수를 보여주기 위해 그는 예수로 하여금 동굴 속으로 들어가 나사로의 손을 이끌고 나오도록 연출한다. 하지만 그로 인하여 예수는 무덤 속으로 거의 끌려들어간 것이나 마찬가지였다. 그 정도의 큰 어려움을 겪어야만 육신의 부활을 이끌어낼 수 있는 것이다.

사실, 이것은 생의 경계에서 격렬히 고뇌하던 예수가 자기 자신의 무덤 속으로 들어서는 것을 상징적으로 보여주는 장면이다. 남에게 생명을 주면서, 그는 자신의 생명을 그들에게, 그들을 위해 주는 것이다. 이같은 것들은 그가 베다니로 돌아가기를 주저하거나, 다가오는 어둠에 대해 제자들과 나누는 대화에서, 그의 영적인 격정과, 그가 보이는 눈물로 복음서에 나타나 있다.

복음서들 속에서 예수가 눈물을 흘리는 또 한 번의 경우는 예루살렘을 향해 가는 마지막 여행에서 슬픔에 잠긴 채 도시를 바라보며, 그곳에 있는 성전의 파괴가 바로 자기 육신의 소멸을 의미한다는 것을 알아차릴 때뿐이라는 것은 매우 중요한 점이다.

예수께서 예루살렘 가까이에 오셔서, 그 도성을 보시고, 눈물을 흘리시며, 이렇게 말씀하셨다. "오늘 네가 평화의 길을 알았더라면 얼마나 좋았겠느냐! 그러나 지금 너는 그 길을 보지 못하는구나. 그 날들이 너에게 닥칠 것이니, 너의 원수들이 토성을 쌓고, 너를 에워싸고, 너를 사면에서 죄어들어서, 너와 네 안에 있는 네 자녀들을 짓밟고, 네 안에 돌 한 개도 다른 돌 위에 얹혀 있지 못하게 할 것이다. 이것은 하나님께서 너를 찾아 오신 때를, 네가 알지 못하기 때문이다."(누가 19:41-44)

마지막 구절은 '내가 그들에게 벌을 내릴 때에, 그들이 모두 쓰러져 죽을 것이다'(예레미야 6:15)라는 (70인역 성경의) 예레미야의 예언을 언급한 것이다. 메시아께서 자신의 도시를 교화하기 위해 왔지만 그곳의 통치자들은(그곳에 사는 백성들과 구분하여) 교화되지 않으려 할 것이다.

"예루살렘아, 예루살렘아, 네게 보낸 예언자들을 죽이고, 돌로 치는구나! 암탉이 병아리를 날개 아래에 품듯이, 내가 몇 번이나 네 자녀를 모아 품으려 하였더냐! 그러나 너희는 원하지 않았다. 보아라, 너희 집은 버림을 받아서, 황폐하게 될 것이다. 내가 너희에게 말한다. 너희가 '주님의 이름으로 오시는 분은 복되시다!' 하고 말할 그 때까지, 너희는 나를 다시는 못 볼 것이다."(마태 23:37-39)

✢ 메시아의 입성

요한은 예수가 '종려주일'에 예루살렘으로 당당하게 들어설 수 있었던 것은 나사로의 회생에 대한 직접적인 반응이었다고 말한다.

예수께서 무덤에서 나사로를 불러내어 죽은 사람들 가운데서 살리실 때에 함께 있던 사람들이, 일어난 그 일을 증언하였다. 이렇게 무리가 예수를 맞으러 나온 것은, 예수께서 이런 표징을 행하셨다는 말을 들었기 때문이다.
그래서 바리새파 사람들이 서로 말하였다. "이제 다 틀렸소. 보시오, 온 세상이 그를 따라갔소."(요한 12:17-19)

예수가 감람산과 시돈 계곡에서 예루살렘으로 나아간 것은 스가랴서 14장 4절에 등장하는 위풍당당한 메시아와 같았다. 그는 스가랴서 9장 9-10절의 메시아처럼 나귀를 타고 도시로 들어섰다.

도성 시온아, 크게 기뻐하여라.

도성 예루살렘아, 환성을 올려라.

네 왕이 네게로 오신다.

그는 공의로우신 왕,

구원을 베푸시는 왕이시다.

그는 온순하셔서,

나귀 곧 나귀 새끼인

어린 나귀를 타고 오신다.

"내가 에브라임에서 병거를 없애고,

예루살렘에서 군마를 없애며,

전쟁할 때에 쓰는 활도 꺾으려 한다.

그 왕은 이방 민족들에게

평화를 선포할 것이며,

그의 다스림이 이 바다에서 저 바다까지,

유프라테스 강에서 땅끝까지 이를 것이다.

이 예언을 비롯한 그 밖의 예언들에 의해 형성된 기대는 외국(로
마) 군대를 쫓아내줄 군사적인 메시아였지만, 예수는 어린 아이로 헤

롯에게 조용히 다가온 위험한 도전이 되었을 때부터 모든 정치적 맥락을 배제하고 있었다. 로마인이나 대제사장들은 잘못 이해하고 있었지만, 그의 나라는 이러한 질서에 속한 것이 아니었다.

그는 사랑이라는 전 인류적 용매제를 이용해 세속과 사탄의 권력으로부터 통치권을 훔치기 위해 한밤중의 도둑처럼 다가온 것이다.

이스라엘에 건넨 하나님의 모든 약속을 상속받은 그는 자신의 백성들에게로 왔지만 그의 백성들은 그를 알아보지 못했다.(요한 1:11) 이것은 예수가 이미 어떤 포도원 주인의 비유를 통해 보여준 이야기였다.

"어떤 집 주인이 있었는데 그는 포도원을 일구고 울타리를 치고, 그 안에 포도즙을 짜는 확을 파고, 망대를 세웠다. 그리고 그것을 농부들에게 세로 주고, 멀리 떠났다. 열매를 거두어들일 철이 가까이 왔을 때에, 그는 그 소출을 받으려고 자기 종들을 농부들에게 보냈다. 그런데 농부들은 그의 종들을 붙잡아서, 하나는 때리고, 하나는 죽이고, 또 하나는 돌로 쳤다. 주인이 다시 다른 종들을 처음보다 더 많이 보냈다. 그랬더니 그들은 그 종들에게도 똑같이 하였다. 마지막으로 그는 자기 아들을 그들에게 보내며 말하기를 '그들이 내 아들이야 존중하겠지' 하였다. 그러나 농부들은 그 아들을 보고 그들끼리 말하였다. '이 사람은 상속자다. 그를 죽이고, 그의 유산을 우리가 차지하자.' 그러면서 그들은 그를 잡아서, 포도원 밖으로 내쫓아 죽였다. 그러니 포도원 주인이 돌아올 때에, 그 농부들을 어떻게 하겠느냐?"(마태 21:33-40)

종려주일에 모든 사람들이 나사로에게 일어난 '표적'의 흥분에 휩싸여 도취되어 있을 때, 예수는 그 박수 갈채가 충격과 실망에 싸인 분노와 폭력으로 변할 것을 알고 있었다. 그는 미리 예정되어 있는 자신의 격하格下를 향한 환호의 소용돌이 속으로 나귀를 타고 나아갔다. 두려움에 싸여 나아갔다.

존 러스킨[1]은 십자가에 못 박힌 예수를 그린 야코포 틴토레토[2]의 거대한 풍경화 속에서 나귀가 종려나뭇잎를 먹고 있는 것을 보면서, 종려주일의 아이러니에 대해 주목했다.

승리와 패배는 둘 다 메시아적인 것이므로 실질적으로 서로 연결되어 있는 것이다. 전쟁과 정복의 메시아 신앙이 아닌 이사야서 53장에 등장하는 고통받는 종으로서의 메시아 신앙인 것이다. 경멸당하는 자의 승리인 종려주일의 아이러니는 체스터턴의 시 '당나귀'에 이렇게 표현되어 있다.

물고기들이 날아다니고 숲들이 걸어다니며

무화과는 가시 위에 자라고 있었다.

달이 핏빛이 되던 그 언젠가

분명 그때 나는 태어났다.

괴물 같은 머리통과 구역질 나는 울음소리

그리고 잘못 달린 날개 같은 두 귀를 한

악마가 서툴게 흉내 내며 걷고 있었다.

네발 달린 모든 짐승처럼

마음 비뚤어진

지상의 너덜너덜한 고대의 무법자는

나를 굶기고, 괴롭히고, 조롱하겠지만, 난 아무 말 하지 않는다.

난 비밀을 굳건히 지킬 것이다.

멍청이들아! 나에게도 때가 있었다.

무척이나 모질고도 달콤했던

내 두 귀에 함성이 들려왔었다.

그리고 내 발 앞엔 종려나뭇잎이 있었다.

✣ 유다

　예수의 제자들은 대부분 평범한 인물들이어서 구분이 명확하지 않다. 그래서 열두 제자의 이름은 어떤 복음서에서든 한결같이 명확하게 드러나지 않는다. 도스토예프스키의 작품에서 볼 수 있듯이, 오직 베드로만이 충동적이며, 점잔 빼고, 비굴하면서 관대하고, 나약하고, 어리숙하고, 사랑스럽고, 재빨리 다시 일어설 수 있는 유려한 인물이었다. 하지만 현대 소설의 주인공이 될 수 있을 만한 또 한 명의 제자가 있다. 분명 그는 그럴 만한 성격을 갖추고 있다.

　수많은 악한들이 그렇듯이, 유다는 정숙한 자신의 동료들에 비해 훨씬 생기에 차 있다. 그래서 소설가인 프랑수와 모리악과 엔도 슈사쿠는 자신들이 쓴 예수의 일대기에서 유다에 대해 특별한 관심을 보인다. 엔도와 그레이엄 그린은 자신들의 소설《침묵》과《권력과 영광》속에 유다라는 인물을 등장시킨다. 또한 유다는 윌리엄 클라센[3]이라는 탁월한 옹호자의 후원을 받기도 한다. 클라센은《앵커 성경사전》속에 있는 유다에 관한 항목을 한 권의 책으로 풀어냈다.

　그를 선택하여 따르게 했으며, 열두 제자의 일원으로 삼고, 공용 돈자루를 맡기며 신뢰했던 예수의 입장에서 보면 그는 일정한 장점들을 갖추고 있었음이 분명하다. 값비싼 향유에 돈을 낭비하는 것을 개탄했던 유다는 실용적인 인물이었지만, 동시에 가난한 사람들을 위해 돈을 저축하기 원했던(요한 12:4-5) 이상주의자였던 것으로 보인다.

그는 예수가 유일하게 자신의 친구(*hetairos*, (마태 26:50))라고 불렀던 사람이기도 하다. 그는 최후의 만찬에서 예수 곁 영예로운 자리에 기대어 앉아 있던 사람이었다.(요한 13:26) 예수와 유다의 사이에는, 다른 제자들이 알아차리지 못하는 사이, 그들 머리 너머로 절묘한 이야기를 주고받는 듯한 묘한 공모共謀가 있었다.

엔도는 특히 최후의 만찬에서 예수가 속삭이듯 "네가 할 일을 어서 하여라"(요한 13:27)라고 했던 것과, 동산에서 "친구여, 왜 이곳에 있는가?" 그리고 "유다야, 너는 입맞춤으로 인자를 넘겨주려고 하느냐?"라고 말했던 것에 강한 충격을 받는다.

예수는 유다가 두 사람을 명예롭지 못한 죽음과 매장으로 이끌어갈, 하나님 아버지의 계획을 완성하게 될 것임을 알고 있었다. 그는 평소에 제자들에게 이렇게 말한다. "그들 가운데서는 한 사람도 멸망하지 않았습니다. 다만 멸망의 자식만 잃은 것은 성경 말씀을 이루시려는 것입니다."(요한 17:12) 예수가 자신의 뜻에 따라 그렇게 했던 것과는 달리, 유다는 자신의 뜻과는 상관없이 하나님의 뜻을 따르고 있는 것이다.

"인자는 자기에 관하여 성경에 기록되어 있는 대로 떠나가지만,
인자를 넘겨주는 그 사람은 화가 있다. 그 사람은 차라리 태어

174

나지 않았더라면, 자기에게 좋았을 것이다." 예수를 넘겨줄 사람인 유다가 말하기를 "선생님, 나는, 아니지요?" 하니, 예수께서 그에게 "네가 말하였다" 하고 대답하셨다.(마태 26:24-25)

유다는 왜 예수를 팔아넘겼던 것일까? 요한복음서는 그가 '도둑'이었기 때문에, 은화 서른 냥을 얻기 위해 그렇게 했다고 설명한다. 그의 이야기에 호기심을 품게 된 사람들은 대부분 그 설명이 너무 단순하다는 것에 의심을 품는다. 모리악은 "탐욕에 대한 빈약한 추정은 그를 규정하는 데 충분하지 않다"고 말한다.

모리악은 제자들이 '질투 어린 경쟁의식'에 빠져 있었기 때문에, 유다가 예수의 호감을 얻으려 애쓰는 과정에서 어떤 상처를 입었을 것이라고 짐작한다. 그는 '사랑은 불공정하다'는 것을 인식하지 못한 채, 공정함을 원했던 것이다.

엔도는 유다가 품었던 불만은 오히려 정치적인 것이었다고 생각한다. 예수가 (제자들 대부분이 호감을 갖고 있었던) 세속적인 왕국을 지향하지 않는 것에 실망했을 것이라고 생각하는 것이다. 폴 슈레이더와 마틴 스코시지는 이러한 맥락을 자신들의 영화 〈그리스도 최후의 유혹〉에 적용시켰다.

이런 사람들은 한결같이 로마의 지배하에 있던 상황에서 대제사장들에게는 유대인들을 중형에 처할 권한이 없었으므로, 유다는 예수를 팔아넘길 때 사형에 처해지지는 않을 것으로 믿고 있었다고 생각한다. 유다는 십자가형에 처할 수 있는 권력을 지닌 본디오 빌라도에게 예수가 양도될 수도 있음을 전혀 예상치 못했다는 것이다.

예수가 로마에 대해 보다 더 공격적이고 반역적인 태도를 취하도록 만들기 위해 예수에게 충격을 주려고 그렇게 했을 것이라고 생각한다. 끊임없이 다른 쪽 뺨을 내미는 것만으로는 조국을 해방시킬 수 없다는 것을 예수에게 확신시키려 했다는 것이다.

그들은 유다도 엄청난 공포 속에서 예수가 재판과 고난을 당하는 과정을 함께 겪었을 것이라고 추정한다. 엔도는 이렇게 묘사한다.

그는 사랑하는 예수가 모든 사람들에게 매질당하는 모습을, 피를 내뿜는 예수의 모습을, 시시각각 변하는 상황에 따라 — 자기혐오에 빠졌다가 자책하고, 주인을 미워하다 다시 사랑하는 — 뒤엉킨 감정에 휩싸여 뚫어져라 응시했다.

그러한 과정은 유다의 마지막 행동들에 대한 설명이 될 수 있을 것이다.

그때에 예수를 넘겨준 유다는, 그가 유죄 판결을 받으신 것을 보고, 뉘우쳐, 그 은돈 서른 닢을 대제사장들과 장로들에게 돌려주고 말하였다. "내가 죄 없는 피를 팔아 넘김으로 죄를 지었소" 하였다. 그러나 그들은 "그것이 우리와 무슨 상관이오? 그대의 문제요" 하고 말하였다. 유다는 그 은돈을 성전에 내던지고 물러가서, 스스로 목을 매달아 죽었다.(마태 27:3-5)

그 돈은 부정하고 성전을 오염시키는 '피 묻은 돈'이었으므로, 그곳에 남겨질 수는 없었다. 그러므로 그 돈은 자살하여 부정한 자가 된 유다를 매장하기 위한 묘지를 사는 데 사용되었다. 예수는 십자가형을 받은 인물로 유다와 마찬가지로 부정하므로 다른 사람들과 분리되어 묻혀야만 했다. 그 두 사람은 치욕스러운 무덤에서 치욕스러운 죽음으로 생을 마친 것이다.

자신이 저지른 일을 알고 있는 유다는 견딜 수 없었을 것이다. 그는 하나님을 죽였다는 이유로 자신을 죽였다. 그의 자살은 구속救贖하는 회개의 행동으로서, 유다는 예수를 배신한 우리 모두의 동료 같은 사람이 된 것이다. 그는 우리의 수호자이다. 성 유다.

✛ 겟세마네

요한복음서에 따르면, 나사로를 죽음에서 살려내기 위해 전력을 다해야만 했을 때 예수는 복받쳐 오르는 감정에 휩싸여 눈물을 흘린다. 공관共觀 복음서에 따르면, 그는 자신에게 다가올 시련을 피할 수 있게 해달라고 하나님께 기도하면서 복받치는 감정에 더욱 더 처절하게 괴로워한다.

그들은 겟세마네라고 하는 곳에 이르렀다. 예수께서 제자들에게 말씀하시기를 "내가 기도하는 동안에, 너희는 여기에 앉아 있어라" 하시고, 베드로와 야고보와 요한을 데리고 가셨다. 예수께서는 매우 놀라며, 괴로워하기 시작하셨다.

그래서 그들에게 말씀하셨다. "내 마음이 근심에 싸여 죽을 지경이다. 너희는 여기에 머물러서 깨어 있어라." 그리고서 조금 나아가서 땅에 엎드려 기도하시기를, 될 수만 있으면 이 시간이 자기에게서 비껴가게 해 달라고 하셨다. 예수께서는 이렇게 말씀하셨다. "아바[4] 아버지, 아버지께서는 모든 일을 하실 수 있으시니, 내게서 이 잔을 거두어주십시오. 그러나 내 뜻대로 하지 마시고, 아버지의 뜻대로 하십시오."

그런 다음에 돌아와서 보시니, 제자들은 자고 있었다. 그래서 베드로에게 말씀하셨다. "시몬아, 자고 있느냐? 한 시간도 깨어 있을 수 없느냐? 너희는 유혹에 빠지지 않도록, 깨어서 기도하여라. 마음은 원하지만, 육신이 약하구나!" 예수께서 다시 떠나가서, 같은 말씀으로 기도하시고, 다시 와서 보시니, 그들은 자고 있었다. 그들은 졸려서 눈을 뜰 수 없었던 것이다. 그들은 예수께 무슨 말로 대답해야 할지를 몰랐다.

예수께서 세번째 와서, 그들에게 말씀하셨다. "남은 시간을 자고 쉬어라. 그 정도면 넉넉하다. 때가 왔다. 보아라. 인자는 죄인들의 손에 넘어간다. 일어나서 가자. 보아라, 나를 넘겨줄 자가 가까이 왔다."(마가 14:32-41)

다른 곳에서의 예수는 자신과 하나님은 하나이므로 자신의 뜻은 자신을 이곳에 보낸 이의 뜻이라는 것을 강조한다. 하지만 여기에서는 가장 심원한 그 하나됨에 균열이 닥친 것이다.

만약 할 수만 있었다면 그는 아버지의 뜻을 피해 가려 했을 것이다. 그는 기도했지만, 아무런 대답도 듣지 못했다. 하늘은 묵묵부답이었고 땅은 잠들어 있었다.

모리악이 말했듯이, "사람의 아들은 아버지의 부재와 잠들어 있는 동료들 즉, 인간의 휴면과 신의 부재 사이를 흔들거리며 오가는 추가 되었다." 그는 완벽하게 혼자였으며 버려졌던 것이다. 그 어떤 인간적인 낙담도 그가 느끼는 것에 비교할 수는 없을 것이다.

만약 예수가 신이라면, 어떻게 그가 그 자신으로부터 버림받을 수 있는 것일까? 그는 인간이면서 신이었지만, 또한 완전한 인간이었던 것이다.

그리스도의 신성을 서술하고 있는 중요한 문서 중의 하나인 히브리서에서는 "그는 모든 점에서 우리와 마찬가지의 시험을 받으셨지만, 죄는 범하지 않으셨습니다"(히브리서 4:15)라고 말한다. 또한 그는 "고난을 당하심으로써 복종을 배우셨습니다. 그리고 완전하게 되"었다고 한다.(히브리서 5:8–9)

그는 목마름과 배고픔, 외로움과 고통을 겪어내야 했던 것처럼, (문자를 몰랐을 집안에서 태어난 불리한 조건으로 인해) 읽고 쓰는 법을 배워 무지를 극복해야만 했다. 누가는 그것을 이렇게 표현했다. "아기는 자라며 튼튼해지고, 지혜로 가득" 찼다.(누가 2:40)

'복종을 배우셨'다는 히브리서의 글귀가 품고 있는 뜻은 앞서 인용했던 찬송에 명확히 설명되어 있다. 즉 예수는,

오히려 자기를 비워서
종의 모습을 취하시고,
사람과 같이 되셨습니다.
그는 사람의 모양으로 나타나셔서,
자기를 낮추시고
죽기까지 순종하셨으니,
곧 십자가에 죽기까지 하셨습니다.(빌립보서 2:7–8)

180

여기에서의 비우는 행위는 겟세마네에서의 광경을 그린 누가의 묘사에 잘 드러나 있다. "예수께서 고뇌에 차서 더욱 간절히 기도하시니, 땀이 핏방울같이 되어서 땅에 떨어졌다."(누가 22:44) 그의 내부에서 나오는 쥐어짜는 듯한 고통의 기색은 다가올 거대한 시련을 보여주는 것이다.

(고대의 도세티스트[5]들이 가르쳤던 것처럼) 예수는 단순히 인간의 외형이나 인간의 얼굴만 하고 있는 것이 아니었다. 그는 당혹스러운 무기력과 부끄러움과 불완전함과 절망감과 같은, 인류에게 주어진 모든 비극을 다 겪어야만 했다. 그것이 바로 십자가에서 아버지마저도 자신을 버렸다고 했던 비통한 외침의 의미인 것이다. 인간이 겪을 수 있는 모든 우여곡절을 경험하고, 그 심연을 알아차리는 것은 지옥으로 떨어지는 하나의 방법인 것이다.

광야에서 있었던 사탄과의 투쟁에 대해 누가가 묘사했듯이, 그가 기도를 세 번 반복하는 것은 누적된 경험을 보여주기 위한 성서적인 장치인 것이다.

사실 공적인 사역의 마지막 순간에 겟세마네에서 세 번의 기도를 드리는 것은 광야에서 겪었던 세 번의 시험과 일맥상통하는 부분이다. 앞서의 경험에서 예수는 자신의 소명을 깨달았으며 훗날의 경험에서는 그 소명의 결과들을 모두 받아들이고 있다. 이 두 가지 사건은 모두 공적인 사역 전체에서 겪는 결사적인 도전들을 상징적으로 보여주는 것이다.

제자들마저도 그 의미의 겉모습에만 집중하느라 어렴풋이 증언하고 있지만, 말하자면 그것들은 '무대 뒤'에서 펼쳐지고 있는 고도의 미스터리가 어떻게 진행되고 있는지를 보여주는 하나의 방법인 것이다.

우리들은 예수가 사탄과 자기 자신을 상대로 힘겹게 싸우고 있는 모습을 묘사한 누가를 통해 하나님의 목적에 담긴 진실을 이해하게 되는 것이다. 더욱 열악한 조건에 맞서 이루어낸 훗날의 승리를 통해 첫번째 시험이 완성되는 것이다.

적어도 사탄이 비열한 유혹의 목소리를 들려주었던 광야에서는, 마주 서서 대항할 수 있을 만큼 그의 적은 명백히 드러나 있었다. 그와는 대조적으로 마지막 대결에서는 아버지는 물론 말을 걸 수 있는 상대조차 아무도 없었다.

그는 사람이나 신의 도움 없이 오직 혼자만의 힘으로 자기 자신을 정복해야만 했다. 바로 그것이 자신이 할 일이라는 것을 완벽하게 이해하면서 자기 내부의 신성하지 않은 모든 것들은 망각 속으로 내던져야만 하는 것이다. 오로지 한 인간으로서 완벽하게 분쇄되는 것으로만 그는 인간으로서의 영웅적 행위의 극한을 성취할 수 있는 것이다.

1) 존 러스킨(1819~1900) 영국의 비평가이자 사회사상가. 1860년 이후에는 사회사상가로
서의 활동으로 전향하여, 전통과 경제학을 공격하고 인도주의적 경제학을 주장하였다.

2) 야코포 틴토레토(1518~1594) 베네치아 출생으로 베로네세와 함께 베네치아파의 대표자
이다. 〈비너스와 마르스를 놀라게 하는 불카누스〉, 〈천국〉, 〈최후의 만찬〉, 〈십자가에서
내려지는 그리스도〉 등 극적인 종교화와 성서의 장면을 묘사하는 작품이 대표적이다.

3) 윌리엄 클라센. 미국의 신학자. 그는 자신의 저서《유다는 예수를 배반하지 않았다》에서
유다가 끝까지 예수의 신실한 제자로 남았을 것이라고 주장했다.

4) Abba, 신약 성경에서 하나님을 이르는 말. 아버지라는 뜻의 아람어에서 유래한 것으로,
절대 신뢰를 가지고 하나님을 부를 때 사용하는 말이다.

5) 그리스도가 피조물이라는 것을 부인하는 도세티스트들은 그리스도는 거룩하므로 그분은
결코 사물이나 물질적인 것이나 육신이 될 수 없다고 가르쳤다. 그리스도는 실제의 사람
이 아니고 단지 그렇게 보였다는 것이다. 예수의 성육신뿐만 아니라 구속과 부활까지 손
상시킨 사상으로 이단이라 불리고 있다.

제7장
하나님의 죽음

예수는 왜 죽임을 당했을까? 이러한 질문에 대한 법률적인 해답은 분명하다. 그의 죄목은 그를 죽음으로 이끈 형틀에 명시되어 있다. "유대인의 왕."(마가 15:26) 예수를 처형할 수 있는 권한을 가진 유일한 인물이었던 본디오 빌라도는 그의 정치적 정체성에 초점을 맞추었다. "네가 유대인의 왕이냐?" 이것이 바로 네 개의 복음서에서 한결같이, 똑같은 그리스어로 빌라도가 던진 질문이다. 그것만이 빌라도의 유일한 관심거리였다.

그는 신성 황제의 세속적 권력뿐 아니라 종교적 권력도 유지해야만 했던 것이다. 거듭 말하지만, 이러한 근본적인 기준에서 예수를 죽인 것은 종교이다. 로마인의 종교, 그리고 예수가 뜻하는 왕권의 초세속적인 성격을 이해할 수 없었던 빌라도의 우매함이 예수를 죽인 것이다.

바울은 이 점에 대해 단호한 태도를 보인다. "이 세상의 통치자들이 주를 십자가에 못 박았다."(고린도전서 2:8)

예수는 스스로 유대인의 왕이라는 것을 부인하지 않는다. 세 개의 공관 복음서에서 한결같이, 빌라도가 유대인의 왕인지 물었을 때, 예수는 "당신이 그렇게 말하였소"(마태 27:11, 마가 15:2, 누가 23:3)라고 대답한다. 그것은 하나님 나라를 전하는 그의 메시아적인 직위이다. 하지만 로마(혹은 그외)의 통치권과 대등하게 맞서거나 함께 분류될 수 있는 직위는 아니다. 빌라도는 그것을 몰랐거나 혹은 알고 싶어하지 않았던 것이다. 그의 시각으로는 종교적 왕권도 여전히 왕권인 것이다. 혹은 더 나쁜 것일 수도 있는 것이다.

N. T. 라이트 주교는 지역 종교의 의식에 관한 로마제국의 정책은 오로지 신성 황제들의 이데올로기에 부합될 때에만 허용했음을 밝혔다.

빌라도가 다시 공관 안으로 들어가, 예수를 불러내서 물었다.
"당신이 유대 사람들의 왕이오?"
예수께서 대답하셨다. "당신이 하는 그 말은 당신의 생각에서 나온 말이오? 그렇지 않으면, 나에 관하여 다른 사람들이 말하여 준 것이오?"

빌라도가 말하였다. "내가 유대 사람이란 말이오? 당신의 동족
과 대제사장들이 당신을 나에게 넘겨주었소. 당신은 무슨 일을
하였소?"

예수께서 대답하셨다. "내 나라는 이 세상에 속한 것이 아니다.
나의 나라가 세상에 속한 것이라면, 나의 부하들이 싸워서, 나
를 유대 사람들의 손에 넘어가지 않게 하였을 것이오. 그러나
사실로 내 나라는 이 세상에 속한 것이 아니오."

빌라도가 예수께 물었다 "그러면 당신은 왕이오?" 예수께서 대
답하셨다.

"당신이 말한 대로 나는 왕이다. 나는 진리를 증언하기 위하여
태어났으며, 진리를 증언하려고 세상에 왔소. 진리에 속한 사람
은, 누구나 내가 하는 말을 듣소."

빌라도가 예수께 "진리가 무엇이오?" 하고 물었다.(요한 18:33-
38)

예수가 유대인의 왕이기 때문에 죽음을 당했다는 사실은, 그의 머
리 위에 못으로 고정시켜 놓은('유대인의 왕'이라는 명패) 것처럼 사
후에 생겨난 생각이 아니다. 그의 처형 준비를 명령받았던 로마의 병
사들은 바로 그것이 문제라는 것을 알고 있었다.

그렇기 때문에 병사들은 예수에게 청자색 옷을 입히고 가짜 왕관

을 씌운 뒤, 왕위에 올려놓고 자신들을 낮추며 "유대 사람의 왕, 만세!"(요한 19:1-3)라고 소리치는 우스꽝스러운 대관식을 거행했던 것이다.

예수에게 세속의 권위를 상징하는 가짜 의상을 입도록 했던 그 장면은 그리스도의 제자라고 일컫는 사람들에 의해 수세기에 걸쳐 계속적으로 반복되었다. 동방과 서방을 막론하고 기독교 황제들이 가장 먼저 그렇게 했다. 그 후에는 교황들이, 그리고 신이 준 권리를 주장한 왕들이 그렇게 했으며 지금은 일부 복음주의 기독교인들이 그렇게 하고 있다. 그들 모두 빌려온 정치적 예복을 예수에게 입혔던 것이다.

그들은 예수가 자신의 나라는 현재의 질서에 속해 있지 않다고 명확히 말하고 있는 복음서들에 전혀 귀기울이지 않고 있다. 그들이 예수의 이름으로 행사하기 위해 주장하고 있는 정치적 권력은, 로마병사들이 그에게 걸치게 했던 거짓 예복과 왕관과 마찬가지로 그의 주장을 어설프게 흉내 내고 있는 것이다.

예수의 숭배자들이라고 하는 이런 사람들이 그저 본디오 빌라도의 행위를 따라하고 있는 것이다. 이렇듯 권력으로부터 도망쳐 태어났던 예수는 여전히 권력에 의해 쫓기고 있다.

십자가형 집행의 일부분으로 규정되어 있는 채찍질과 달리, 가짜 왕관을 씌웠던 것은 병사들의 즉흥적인 놀이였다. 매질은 십자가에 매달기 전에 저항하는 힘을 누그러뜨리기 위해 집행되었다. 예수와 함께 처형된 반항적인 도적들은 순순히 따르도록 만들기 위해 당연히 무자비할 정도의 매질을 당해야만 했다. 아무런 저항도 하지 않는 예수에게 그 정도의 매질을 해야 할 이유는 전혀 없었다.

하지만 그가 무자비하게 두들겨 맞았을 것이라 생각하는 사람들이 있다. 그들은 무엇보다 예수가 자신의 십자가도 옮기지 못할 만큼 쇠약해져 있었다는 사실(누가 23:26)과, 예수가 그처럼 빨리 죽었다는 것을 알게 된 빌라도가 깜짝 놀랐다는 사실(마가 15:44-45)을 그 증거로 제시하면서 단언한다. 하지만 예수가 다른 수많은 신비한 인물들처럼 혹시 원래부터 연약한 사람이었다면, 그가 겪어야만 했던 끔찍한 시련은 특별한 연민의 정을 더했을 것이다.

십자가에 매다는 형벌은 잔혹한 정권이 일반적으로 가할 수 있는 가장 잔혹한 형벌이다. 이 형벌에 대해 키케로는 '가장 극단적인 처형(summum supplicium)'이라고 했다. 그만큼 이 형벌은 극심한 고통 속에 죽음에 이르게 하는 형벌 중에서도 가장 으뜸가는 것이었다. 가장 덜 야만적인 것은 참수형이었다. 그 다음은 원형극장에서 맹수들 앞에 놓이는 것이었으며, 그 다음은 산 채로 태워 죽이는 것이었다. 그리고 가장 야만적인 형벌이 바로 십자가에 매다는 것이었다.

십자가형이 가장 치욕스러운 형벌이었다는 것은, 로마의 시민들은 일반적으로 그 형벌을 받지 않았다는 사실에서 알 수 있다. 네로 황제가 성 베드로는 십자가에 매달았지만 성 바울은 참수형에 처했다는 이야기는 누가가 바울을 로마 시민권자(사도 16:37-38, 23:27)로 불렀다는 사실에 근거한 것으로 보인다.

십자가에 매다는 형벌은 인간이 겪을 수 있는 모든 공포를 집대성해 놓은 것이다. 젊은이들이 금이나 보석으로 만든 십자가를 귀걸이나 목걸이로 달고 다닐 때, 그러한 점에 대해 한번쯤은 생각해보았을지 궁금하다.

사형수는 십자가에 매달려 고통 속에 몸부림치기 전에 미리 심한 매질을 당해야 한다. 그리고 나서 자신의 사형도구가 될 가로막대를 양어깨에 묶고 미리 현장에 세워져 있는 십자가의 기둥이 있는 곳까지 옮겨 가야 한다. 그리고 발가벗겨진 다음 십자가에 묶이거나 못박히는 것이다.

오늘날 대부분의 사람들은 굳이 그렇게 할 필요까지는 없는 일임에도 못질을 했다는 것이 더욱 끔찍한 고난이라고 생각할 것이다. 그러나 십자가에 매달리는 형벌에서 가장 악질적인 부분은 십자가에 매달려 몇 시간, 혹은 며칠간 계속 고통을 당해야 한다는 점이다.

그렇기 때문에 손목에 못을 박았던 것이며, 그렇게 함으로써 파열된 동맥으로 인해 오랫동안 매달려 있어야 하는 시간을 단축할 수 있었을 것이다 (손바닥에 못을 박았다면, 몸무게 때문에 손가락들 사이가 찢어져 몸을 지탱할 수 없었을 것이다). 몸무게는 십자가에 매달린 자가 필사의 노력으로 못을 빼버리지 않는 한, 그의 숨을 옥죄게 만들었을 것이다. 그리고 오래 매달려 있을수록 그러한 노력은 문자 그대로 견딜 수 없는 고통으로 다가왔을 것이다.

예수의 경우, '의심에 싸인' 도마가 예수의 '손'(요한 20:24-25)에 난 상처를 살펴보기를 원했다고 한다. 하지만 '손'은 팔의 끝단을 일컫는 일반적인 용어이므로 이것이 손목에 못을 박았다는 것과 상치되지 않는다. 중요한 것은 못이 사용되었다는 사실이다.

또한 십자가에 매다는 형벌은 유대인들의 의식 속에서 가장 공포스러운 형벌이었다. 십자가형은 어느 누구도 부정하다고 취급하지 않았던 예수를 한 인간으로서 도달할 수 있는 가장 부정한 상태로 만들었다. 그것은 불경죄로 고발당한 자로,(레위기 24:14) 공공연하게 발가벗겨진 자로, 십자가형을 당한 자로(신명기 21장 23절에 따르면 하나님께 저주받은 자가 당하는 형벌이다), 그리고는 시체로 만들었던 것이다. 예수의 육신을 십자가에서 끌어내린 유대인들은 정결예식을 해야만 했을 것이다.

안식일 다음날 존경 어린 마음으로 그의 부정한 육신을 수습하기 위해 무덤으로 갔던 여인들의 용기는 특히 존경할 만하다. 마찬가지로 '사랑하는 제자' 외의 모든 남자 제자들이 달아났을 때, 골고다 언덕까지 동행했던 한무리의 여인들과(누가 23:27) 예수가 십자가에 매달리는 부정한 광경을 용감하게 바라보았던 여인들도 존경받아 마땅하다.

그런 까닭에 예수가 자신이 겪고 있는 일을 모두 지켜보고 서 있던 여인들과 함께 아들에게 자행되고 있는 일들을 보고 있던 어머니를 돌봐달라고 부탁할 수 있었던 제자는 단 한 명밖에 없었던 것이다.(요한 19:26-27)

예수는 극도의 끔찍한 고통을 겪고 있으면서도 자신의 어머니 외에 다른 사람들에 대해서도 걱정했다.

예수와 함께 달려 있는 죄수 가운데 하나도 그를 모독하며 말하였다. "너는 그리스도가 아니냐? 너와 우리를 구원하여라."

그러나 다른 하나는 그를 꾸짖으며 말하였다. "똑같은 처형을 받고 있는 주제에, 너는 하나님이 두렵지도 않느냐? 우리야 우리가 저지른 일 때문에, 그에 마땅한 벌을 받고 있으니 당연하지만, 이분은 아무것도 잘못한 일이 없다." 그리고 나서 그는 예수께 말하였다. "예수님, 주님이 주님의 그 나라에 들어가실 때에, 나를 기억해주십시오."

예수께서 그에게 말씀하셨다. "내가 진정으로 네게 말한다. 너는 오늘 나와 함께 낙원에 있을 것이다."(누가 23:39-43)

이것이 예수가 마지막으로 부정한 자에게 손을 내밀었던 때였다.

이 사내의 육신 또한 저주받고 더럽혀진 대상으로 수치스러운 매장을 당해야 할 처지였다.

하지만 시인 드니즈 레버토브[1])가 묘사했듯이, 예수는 '십자가에서 십자가로 건네진 정오의 약속'을 위해 그 사내를 자신과 함께 천국으로 데려가려 했다. 그는 자기 곁에 있던 부정한 죄인에게만 용서를 베푼 것이 아니었다.

민족 간 혹은 그 외의 대립에 대한 구실로 십자가형을 행했던 사람들을 향해 예수는, "아버지, 저 사람들을 용서하여 주십시오. 저 사람들은 자기네가 무슨 일을 하는지 알지 못합니다"(누가 23:34)라고 외치며 준엄하게 꾸짖는 것이다. 그를 거역했던 사람들이 많았으므로 용서는 더욱 넓게 퍼져야만 한다.

레이먼드 브라운[2])의 말을 빌자면, 그는 "제자들에게 버림받고, 유다에게 배신당했으며, 베드로에게 부정당하고, 제사장들에게 불경죄로 고발당하고, 군중들에게 살인자의 편을 들었다고 무시당하고, 산헤드린과 로마병사들 그리고 십자가에 다가온 모든 사람들에게 조롱당했으며, 어둠에 둘러싸여 그의 하나님에게도 버림을 받은 듯한" 사람이었다.

예수는 겟세마네 동산에서 맛보았던 절망의 밑바닥으로까지 떨어져 내렸다. "아홉 시간째에 예수는 큰 목소리로 외쳤다. '엘리, 엘리, 레마 사박다니?' 그것을 번역하자면, '나의 하나님, 나의 하나님, 어찌하여 나를 버리셨습니까?'라는 뜻이었다." 체스터턴은 이렇게 말한다.

어둠 속에서 무서우리 만큼 뚜렷하고, 전혀 알아들을 수 없는 말들이 외침이 되어 들려왔던 그 마지막 임종의 순간에 대해 우리들은 분명 아무런 말도 할 수 없을 것이다.
그를 넘겨주고 얻게 된 영원한 시간이 흐른다 해도, 인류는 그 말들을 영원히 이해할 수 없을 것이다. 그 절멸絕滅의 순간에, 절대자의 하나됨에도 우리들이 알 수 없는 깊은 심연이 열렸으며, 하나님은 하나님의 버림을 받았던 것이다.

✣ 보다 더 근본적인 이유

로마인들의 처형이 가져온 모든 공포의 저변에는 법적인 것보다 더 근본적인 의문이라 할 신학적인 난제가 내재되어 있다. 예수는 왜 죽어야만 했을까? 일반적인 대답은 어느 정도 성 안셀무스의 영향력 있는 저서《왜 신은 인간이 되었는가?Cur Deus Homo?》에 근거하고 있다.
안셀무스는 봉건적인 유추를 활용하여 예수는 인간들이 지니고 있는 것만으로는 갚을 길이 없는, 하나님에게 진 빚을 갚기 위해 인간이 되어야만 했을 것이라고 주장한다. 인간들이 죄를 지은 대상이 영원하기 때문에, 원죄와 그에 이어 발생한 모든 죄들은 영원한 성질을 갖고 있다는 것이다. 그러므로 오직 영원성을 지닌 인류의 대변자만이 자신의 생명으로 그 빚을 갚을 수 있다는 것이다.

하지만 그 빚갚음에 왜 예수의 죽음이, 그처럼 끔찍한 죽음이 포함되어야만 했던 것일까? 채권자가 너무나도 가혹했던 것일까? 이러한 결론의 이면에는 가장 가혹한 희생이 아니고는 도저히 달랠 수 없는, 분노한 하나님의 이미지가 깔려 있다. 이러한 견해에 대해 '무시무시하다'고 말하는 사람들도 있다.

철학비평가 르네 지라르는, 이러한 견해는 벌을 받아야 하는 한 집단의 죄악을 희생양에게 전가하는, 폭력적인 희생의식들을 정당화한다고 말한다. 지라르는 예수 자신에게 죄가 있다고 추정할 수 없으므로, 예수는 폭력을 폭력으로 치유하는 근본적인 불합리를 드러낸 것이라고 주장한다.

인간의 타락 없이는 성육신도 없을 것이라는 생각에 이의를 제기하는 사람들도 있다. 일부 프란체스코 수도회의 신학자들은 성육신은 처음부터 하나님 계획의 완결이며, 그것에 의해 하나님은 자신의 육화된 아들이라는 사람을 통해 인간을 자신에게로 끌어올리는 것이라고 주장한다. 인간과 하나님 사이의 내밀한 일치가 없다면 그것은 불완전한 것이기 때문이다.

그들은 예수를 모든 창조물의 거룩한 최후에 대한 '반복에 의한 회복(*anakephalaiōsis*)[3]'이라고 했던 초기 교회의 교부 이레니우스가 작성한 문건들을 그 근거로 제시한다. 바울의 편지는 그러한 견해에 대한 의미 있는 전조前兆가 된다.

> 하나님은 우리에게 모든 지혜와 총명을 넘치게 주셔서, 그리스도 안에서 미리 세우신 하나님이 기뻐하시는 뜻을 따라 (*anakephal-aiōssasthai*), 하나님의 신비한 뜻을 우리에게 알려 주셨습니다. 하나님의 계획은 때가 차면 하늘과 땅에 있는 모든 것을 그리스도 안에서 그분의 머리로 하여 통일시키는 것입니다.(에베소서 1:8-10)

고든 피[4]가 지적해냈듯이, 이 구절은 죄를 저지른 측에서 먼저 보상을 해야만 하는, 희생으로 노여움을 달래는 식의 논리를 따르지 않았던 바울의 다른 글과도 상통하고 있다. 바울의 글 속에서의 하나님은, 방탕한 아들을 먼저 달려가 안아주는 아버지, 혹은 잃어버린 양을 찾는 선한 목자와도 같다. 그 하나님은 권좌에 앉아 희생물을 가져오는 죄인들을 기다리지 않는다. 그는 처음부터 끝까지 행위자인 것이다.

이 모든 것은 하나님에게서 났습니다. 하나님께서는 그리스도를 내세우셔서, 우리를 자기와 화해하게 하시고, 또 우리에게 화해의 직분을 맡겨주셨습니다. 곧 하나님께서 사람들의 죄과를 따지지 않으시고, 화해의 말씀을 우리에게 맡겨 주심으로써, 세상을 그리스도 안에서 자기와 화해하게 하신 것입니다.(고린도후서 5:18-19)

또 다른 바울의 편지에서는 이렇게 말한다.

그분은 만물보다 먼저 계시고, 만물은 그분 안에서 존속합니다. 그분은 교회라는 몸의 머리이십니다. 그는 근원이시며, 죽은 사람 가운데서 제일 먼저 살아나신 분이십니다. 이는 그분이 만물 가운데서 으뜸이 되시기 위함입니다. 하나님께서는 그분의 안에 모든 충만함을 머물게 하시기를 기뻐하시고, 그분의 십자가의 피로 평화를 이루셔서, 그분으로 말미암아 만물을, 곧 땅에 있는 것들이나 하늘에 있는 것들이나 다, 자기와 기꺼이 화해시켰습니다.(골로새서 1:17-20)

예수 자신도 자신의 임무는 인류를 자신과 아버지 사이의 친밀함 속으로 끌어올리는 것이라고 말한다.

나는 아버지께서 내게 주신 영광을 그들에게 주었습니다. 그것은, 우리가 하나인 것과 같이, 그들도 하나가 되게 하려는 것입니다. 내가 그들 안에 있고 아버지께서 내 안에 계신 것은, 그들이 완전히 하나가 되게 하려는 것입니다. 그것은 또, 아버지께서 나를 보내셨다는 것과, 아버지께서 나를 사랑하신 것과 같이 그들도 사랑하셨다는 것을, 세상이 알게 하려는 것입니다. 아버지, 아버지께서 내게 주신 사람들도, 내가 있는 곳에 나와 함께 있게 하여 주시고, 창세 전부터 아버지께서 나를 사랑하셔서 내게 주신 내 영광을, 그들도 보게 하여 주시기를 빕니다.(요한 17:22-24)

사실 성육신을 비롯한 예수의 수난과 관련된 모든 일들이 쉽게 이해하기 어렵고 불가사의하지만, 어쩌면 아주 단순한 사건이 그것들에 대한 이해에 도움이 될 수도 있다.

내 경험을 이야기해보자. 어느 날 밤, 나의 어린 아들이 끔찍한 악몽을 꾸다가 잠에서 깨어났다. 무슨 걱정이 있는지 물었더니, 학교의 수녀님이 아이들에게, 만약 죄를 지으면 죽어서 지옥에 떨어질 거라고 말했다는 것이었다.

그애는 내게 이렇게 물었다. "저는 이제 지옥으로 가는 건가요?" 영웅주의적인 성향은 눈꼽만큼도 없지만, 나는 즉시 어떤 아버지라도 해줄 수 있는 대답을 해주었다. "내가 분명히 말해줄 수 있는 건, 네가 만약 지옥으로 가게 된다면, 아버지도 너와 함께 갈 거라는 거란다."

내가 내 아들에게 그런 감정을 느꼈다면, 하나님은 분명 나보다 훨씬 더 큰 사랑을 그 아이에게 보여주실 것이다. 어쩌면 성육신은 우리가 어떤 공포를 마주하거나 지옥에 떨어지더라도 그가 우리들과 함께할 것임을 하나님의 방식으로 말하는 것일 것이다. 그 말을 할 당시에 나는 예수가 하나님을 생각할 때 가졌던 방식을 그대로 따랐던 것임을 인식하지 못했었다.

너희 가운데서 아들이 빵을 달라고 하는데 돌을 줄 사람이 어디에 있으며, 생선을 달라고 하는데 뱀을 줄 사람이 어디에 있겠느냐? 너희가 악해도 너희 자녀에게 좋은 것을 줄 줄 알거든, 하물며 하늘에 계신 너희 아버지께서, 구하는 사람에게 좋은 것을 주시지 않겠느냐?(마태 7:9-11)

체스터턴은 자신의 2막짜리 연극 〈놀라운 일The Surprise〉에서 이러한 불가사의에 접근하는 또 다른 방법을 제공한다.

중세를 배경으로 한 그 연극은 숲속을 방랑하는 탁발수사가 등장하면서 시작된다. 그는 큼지막한 마차가 지나가는 것을 보게 된다.

198

마차 위에는 널찍한 무대가 마련되어 있고, 커튼은 열려 있으며, 그 위에 사람 크기의 멋진 꼭두각시 인형이 느슨한 줄에 매달린 채 눕혀져 있다. 꼭두각시 인형의 주인은 무대 위쪽에 있었다.

탁발수사는 그에게 어느 도시에서 공연을 할 것인지 묻는다. 공연이 보고 싶었던 것이다. 그 주인은 그 자리에 앉으면 무료 공연을 보여주겠다고 한다. 그리고 나서 허세를 부리는 주인공과 그의 친구가 서로의 건강을 위해 건배하며 감금되어 있는 아가씨를 구해내자고 맹세하는 영웅담이 장황하게 펼쳐진다. 그들의 어이없는 만용이 이어지다가 공연은 끝난다.

탁발수사는 박수 갈채를 보내지만, 그 주인은 고백할 것이 있다고 한다. 그의 고백은 이런 것이다. 그는 주인공들을 사랑하지만 그들이 자신의 사랑에 호응하지 않고 교감이 없어 불행하다는 것이다. 주인이 떠나자 탁발수사는 무릎을 꿇고 그의 소망이 이루어지기를 기도한다. 그렇게 제1막은 끝난다.

제2막은 앞에서의 꼭두각시들이 느슨한 줄에 매달려 무대 위에 누워 있는 장면으로 시작된다. 하지만 주인공들은 스스로 움직이기 시작한다. 그들은 자리에서 일어나 연극을 다시 재연한다. 하지만 이번에는 몇몇 가지 일들이 서로 뒤엉키며 잘못되기 시작하고, 불행한 일들이 급속도로 펼쳐진다.

친구들은 술을 너무 많이 마셔 취하게 되고 말다툼을 벌인다. 여

주인공을 사이에 두고 질투심도 드러내고, 그녀를 구하기엔 너무 늦게 도착하여 그녀를 납치해간 사내가 강간을 하게 될 지경에 이른다. 바로 그때, 꼭두각시 주인이 마차의 천장에서 일어서며 외친다. "그만둬! 내가 내려가겠다." 하나님이 우리와 함께하시는 것이다.

이제 그의 창조물들이 자유의지를 갖게 되어, 꼭두각시 주인은 더 이상 하늘 위에서 그들을 조종할 수 없게 된 것이다. 하나님은 그들과 함께하기 위해, 그들을 위해 싸우기 위해 무대로 내려와야만 하는 것이다.

이 우화극에서 내가 좋아하는 점은 '성난 하나님'에 대해 아무런 의문의 여지가 없다는 것이다. 창조주는 자신의 창조물들을, 그들 자신들로부터 그리고 그들의 실수와 죄악의 모든 결과들로부터 보호하기 위해 내려오는 것이다. 하나님은 그들의 옹호자이지 그들을 벌주는 존재가 아닌 것이다.

이것은 바울이 '화해'라고 불렀던 것을 두 가지 방법으로 이야기할 수 있다는 것을 보여준다. 만약 노여움을 달래거나 조정한다는 의미가 담긴 희생으로서의 구원을 이야기한다면 성난 하나님을 만족시켜야 한다는 데에 주목하게 될 것이다.

만약 구원을 구출로 이야기한다면, 인류가 구출되어야만 하는 어떤 권세는 하나님이 아니라 실제로 하나님에 대항하는 세력 즉, 인간의 자유를 무력하게 만드는 축적된 죄악들인 것이다. 신약성서 속에서는 죄악의 유산이 사탄으로 상징화되어 있다.

예수는 죽음에 가까워졌을 때 이제는 적들의 시간이며, 어둠의 권세가 판을 치는 때(누가 22:53)라고 말하지만, 그는 분명하게 하나님이 어둠의 권세라는 말은 하지 않는다. 사탄이 어둠의 권세인 것이다.

예수가 인류애라는 이름으로 수행했던 것은 악에 맞설 수 있는 인간의 능력을 위한 노력이었던 것이다. 인간의 자유와 외고집은 양떼를 흩어지게 했으며 방탕한 아들을 스스로 타락하도록 운명지웠다. 오직 목자와 아버지만이 구출할 수 있는 것이다.

이와 마찬가지로 예언자들을 죽였던 것처럼(마태 23:29) 자신을 죽이려는 예루살렘을 굽어보며 예수가 눈물을 흘렸을 때, 하나님이 예언자들을 죽였다는 것을 의미하지는 않는다. 그렇게 한 것은 하나님의 적들인 것이다. 그것이 바로 사탄이다.

만약 예수가 왜 죽었는지를 알고 싶다면, 그것에 대한 설명을 가장 잘 찾아볼 수 있는 곳은 이른바 마지막 설교라 불리는 유장한 구절 속에 있는 최후의 만찬에 관한 요한의 설명이다. 요한은 신성한 분노가 희생으로 가라앉혀질 것이라고 말하지 않는다. 여기에서는 신성한 사랑이 인간의 어둠 속으로 들어가, 어둠을 빛으로 만든다는 것을 거듭해서 말하고 있다.

나는 너희와 말을 더 이상 많이 하지 않겠다. 이 세상의 통치자가 가까이 오고 있기 때문이다. 그는 나를 어떻게 할 아무런 권한이 없다. 다만 내가 아버지를 사랑한다는 것과, 아버지께서 내게 분부하신 그대로 내가 행한다는 것을, 세상에 알려야 하겠다. 일어나라. 여기에서 떠나자.(요한 14:30-31)

✤ 희생

만약 바울과 그 외의 사람들이 말하듯이, 우리들이 예수의 피에 의해 구원받은 것이라면, 그의 피가 아버지에게 바치는 희생이 아니라는 것은 무엇을 의미하는 걸까? 마지막 설교에서는 이렇게 말하고 있다: "사람이 친구를 위하여 목숨을 버리면 이보다 더 큰 사랑은 없다."(요한 15:13) 그는 우리와 함께 우리를 위하여 피를 흘린 것이지, 성난 아버지에게 바치는 헌주獻酒로서 그랬던 것은 아니었다. 그것이 바로 그가 우리를 위해 스스로를 희생한 방법이었다.

성서 속에는 예수의 희생에 대해 언급하고 있는 또 다른 구절들이 있다. 바울은 예수에 대해 '힐라스테리온(*hilastērion*)'이라고 말한다. 그것은 (십계명이 새겨진 돌을 집어넣는) 법궤의 금으로 만든 덮개를 뜻하는 것으로(출애굽기 25:17) '자비의 좌(속죄제물)'로 알려져 있으며, 속죄의 날에 피가 흩뿌려졌던 곳이다: "하나님께서 이 예수를 속

202

죄제물로 내주셨습니다. 그것은 그의 피를 믿을 때에 유효합니다. 그 피를 받으면 속죄함을 받습니다. 하나님께서 이렇게 하신 것은, 사람들이 이제까지 지은 죄를 너그럽게 보아주심으로써 자기의 의를 나타내시려는 것입니다."(로마서 3:25)

예수는 새로운 속죄제물이며, 그곳에서 인간의 적들에 대항해 그 자신의 피가 뿌려져, 아버지와 결속되는 것이다. 바울이 예수의 피를 마치 성난 아버지에게 바치는 속죄인 것처럼 언급하는 또 다른 유명한 구절도 있다.

"하나님께서는 죄를 모르신 분[예수]에게, 우리 대신에 죄를 씌우셨습니다. 그것은 우리가 그리스도 안에서 하나님의 의가 되게 하려 하심입니다."(고린도후서 5:21)

이 구절은 하나님이 자신과의 화해를 전했던 때의 말씀을 인용하며 계속된다. 과거의 주석자들은 이 구절의 뜻을 예수가 죄인이 되었다거나, 더 나아가 죄악이 의인화되었다거나, '죄악의 제물'로 해석하려고 노력했다. 하지만 장 노엘 알레티[5]는 수사학적으로 그것은 예수가 죄악(사탄)에 저항한다는 의미에서, 그리고 죄 많은 인류와 동일시됨으로써 그에 따르는 결과를 견뎌낸다는 의미에서, 죄악인 것처럼 취급되었다는 뜻임을 밝혀냈다.

히브리서에서 예수는 하나님께 희생을 제공하지만, 그것은 그 이전의 모든 종류의 희생을 끝막음하는 것으로써, 하나님이 스스로를 달래기 위해서가 아니라 죄악을 정복하기 위해 시작한 특별한 희생인 것이다.

십자가에서의 불가사의한 희생을 우리들이 어떻게 이해하든 한가지 사실만은 분명하다. 즉, 그것은 하나님의 분노가 아닌 사랑의 증거라는 것이다. "하나님이 세상을 이처럼 사랑하셔서 독생자를 주셨으니, 누구든지 그를 믿으면 멸망하지 않고 영생을 얻을 것이다."(요한 3:16) 예수는 아버지의 사랑을 표현하고, 입증하고 또 널리 베풀기 위해 온 것이다. 그것이 아버지의 사랑이 역사 속으로 침입한 그의 구원의 완성이 지옥으로 내려가는 것으로 나타나는 이유이다.

이러한 점은 불분명한 것으로 유명한 구절 속에 있는 무척이나 애매모호한 언급(베드로전서 3:19) 외에는 신약성서에 전혀 언급되어 있지 않다. 하지만 그러한 내용은 초기의 교의와 세례의 맹세에 담겨 있으며, 당시에 설교되었던 계시에 본래부터 있었다는 것을 보여준다.

그리스정교회에서는 그것이 가장 중요한 예수의 사명으로 되어 있다. 사실 그것이야말로 인류의 부활인 것이다. 이것이 창조의 총합과 정점으로서의 예수라는 전체 개념의 한 부분인 것이다. 그는 처음부터 인류를 구원하기 위해 구속救贖하는 권한을 갖고 돌아왔던 것이다.

초기의 운문들과 연극들은(특히 '지옥의 정복'이라는 제목으로 이것을 다루었던 중세의 연극들) 그 후로 끊임없이 그려진 그림들과 함께, 예수가 자신의 피로 지키지 못했던 사람들을 해방시키기 위해 과

거의 감옥을 부숴 활짝 열었다는 것을 보여준다. 일반적으로 묘사는 무엇보다 아담과 이브의 출현을 가장 강조한다. 몇몇 그림들에는 예수가 자신과 함께 죽었던 강도들과 동행하는 모습을 보여준다. 하나님의 구제 계획에 대한 포괄적인 이해가 강조되고 있는 것이다. 어떻게 하여,

어두운 구름을 뚫고 검은 양이 달려갔는지
그리고 어두운 구름을 뚫고 목자가 그 양을 쫓아갔는지.

비록 이러한 사건에서 대부분의 묘사들이 아담과 이브에게 주역을 맡겼지만, 나는 그 목자가 제일 먼저 자신의 잃어버린 특별한 양, 유다를 찾았을 것이라고 믿는다.

▌ 주 ▌

1) 드니즈 레버토브(1923~1998) 영국 태생의 미국 시인. 17세에 첫 시를 발표했다. 1960년대와 70년대의 반전운동과 반핵운동에 페미니스트 운동가로 활동했다. 20세기 후반의 주요 시인 가운데 하나로 평가받고 있다.

2) 레이먼드 브라운. 저명한 신약성서 연구자이자 로마 가톨릭 교회 성 술피치오 수도회의 사제. 대표적인 저서로는 《신명기 강해》가 있다.

3) 초대 교회 교부였던 이레니우스가 주창한 개념. 그는 구원을 아나케팔라이오시스 (Anakepkalaoisis) 또는 레카피툴라티오(recapitylatio)라고 불렀다. 에베소서 1장 10절을 근거로 한 이 말은 아담에 의해 잃은 것이 그리스도에 의해 다시 회복되고, 그리스도 안에서 성취된다는 것을 의미한다.

4) 고든 피. 탁월한 주석자이자 바울신학자. 고든 콘월 신학대학원 교수를 지냈으며, 현재는 캐나다 리젠트 대학에서 신약학을 가르치고 있다.

5) 장 노엘 알레티. 교황청 성서대학의 교수. 신약성서해석을 강의하고 있다.

제8장

하나님의 삶

예수의 부활은 구약성서의 '아가雅歌'에도 나타나 있듯이, "사랑은 죽음만큼이나 강하다"(아가 8:6)는 사실에 대한 증거이다. 마찬가지로 그 증거는 "나는 목숨을 버릴 권세도 있고, 다시 얻을 권세도 있다"(요한 10:18)라고 했던 예수의 말이 옳다는 것이기도 하다.

N. T. 라이트 주교는 서로 맞물려 있는 오직 세 가지 사실만이 예수의 부활에 대해 확신을 갖게 해준다고 강력히 주장한다. 그 세 가지 사실은 비어 있는 무덤과, 여러 번에 걸친 출현, 그리고 예수의 제자들에게 나타난 확연한 변화이다.

예수는 부정한 상태였으므로 다른 이들의 신체를 오염시킬 수 없도록 누구나 알 수 있는 새로운 무덤에 매장되었는데, 그 무덤이 비었다는 것은 가장 강력한 증거 중 일부분이다. 그의 육신이 줄곧 그곳에 있었다면 그것을 확인하는 것은 매우 쉬운 일이었지만, 그의 제자들을 적대시했던 사람들 중에서 그것을 검증해낸 사람은 아무도 없었다.

더 나아가, 비어 있는 무덤 그 자체만으로는 거의 아무런 의미도 없다. 그의 육신이 옮겨지거나, 감춰지거나 혹은 방치되었을 수도 있을 것이다. 그 비어버린 무덤에 관심을 집중시키고 그것이 인간의 계획이나 사건에 의해 비워진 것이 아님을 증명해주는 것이 바로 출현이다.

복음서들 속에 기록된 출현은 빈번하고 또 (모순되지는 않는다 해도) 혼란스러운 것이었다. 다양한 교회 설립자와 사도들이 자신이 속해 있던 집단의 후손들에게, 자신들이 본 것에 대한 증언을 전해주고 있다. 하지만 그 출현의 중요성에 대한 — 그리고 깜짝 놀랄 만한 빈도에 대한 — 가장 최초의 가장 명확한 증언은 복음서들이 등장하기 훨씬 이전에, 그리고 동료 기독교인들과 비판자들이 생생한 기억을 갖고 있을 때 쓴 사도 바울의 편지들이다. 그는 예수가 (자신을 포함한) 제자들 앞에 나타났다는 것을 가장 먼저 그리고 가장 일관되게 전했던 사람이다.

내가 전해 받은 중요한 것을, 여러분에게 전해 드렸습니다. 그것은 곧, 그리스도께서 성경대로 우리 죄를 위하여 죽으셨다는

208

것과, 무덤에 묻히셨다는 것과, 성경대로 사흘째 되는 날에 살아나셨다는 것과, 게바에게 나타나시고 다음에 열두 제자에게 나타나셨다고 하는 것입니다.

그 다음에 그리스도께서는 한번에 오백 명이 넘는 형제자매들에게 나타나셨는데, 그 가운데 더러는 세상을 떠났지만, 대다수는 지금도 살아 있습니다. 그 다음에 야고보에게 나타나시고, 그 다음에 모든 사도들에게 나타나셨습니다. 그런데 맨 나중에 달이 차지 못하여 태어난 자와 같은 나에게도 나타나셨습니다.(고린도전서 15:3-8)

다양한 장소와 시간대에 걸쳐 일어났던 수많은 출현도 비어 있는 무덤과 제자들의 변화가 없었다면 실제적인 부활의 증거가 되지 못했을 것이다. 그 출현들은 개인의 간절한 염원이나 집단 히스테리의 결과물로서 영적이거나 공상적인 현상이 될 수도 있었다. 하지만 비어 있는 무덤은 초기 기독교인들에게 나타난 심령의 변화와 더불어 출현에 대한 설명과 확증이 된다.

비어 있는 무덤은 그 자체만으로는 예수가 부활했다는 의미가 될 수 없기 때문에, 그 비어 있음에 대한 해석은 천사들로 하여금 그 진정한 의미를 선언하도록 만드는, 관습적인 성서적 방법으로 제시되었다. 그것의 진정한 의미는 예수가 제자들 앞에 출현한 이후가 되어서야 믿음이 되기에 이르렀다는 것이다.

당시의 기독교인들은 부활을 예상하지 못했다. 처음에 여인들이 부활을 알렸을 때조차도 그들은 믿지 않았다.(누가 24:11) 예수가 유죄 판결을 받고 처형될 때, 그들은 모두 뿔뿔이 흩어져 숨어 있었다. 육신이 없을 것이라는 생각은 전혀 하지 못한 채, 향유를 바르기 위해 무덤을 찾아갔던 여인들과 달리 그들은 무덤조차 찾아가지 못할 정도로 너무나 소심했다. 하지만 이들 겁쟁이 무리들이 갑작스럽게 유력한 복음전파자 집단으로 변신하여, 자신들의 믿음을 널리 퍼뜨리고, 예수가 살아 있다는 주장을 확고하게 제시했다.

예수의 죽음 이후의 일들도 감당할 수도 없었던 사람들이 곧 결연하게 서로를 부둥켜 안고 스스로 순교를 희망하면서, 마침내 예수의 말씀이 진실이라는 것을 알게 된 것이다. "사람들이 나를 박해했으면 너희도 박해할 것이다."(요한 15:20) 그처럼 견고한 믿음은 그 기반이 쉽게 무너지지 않았다. 그 믿음은 비어 있던 무덤과 여러 번에 걸친 출현, 그리고 그들 자신의 확신과 동료들의 증언이라는 세 가지의 연관된 확고한 증거들 위에 확립되어 있었다.

예수가 설명하기 어려운 초자연적인 형태로 나타났다는 것은 사실이다. 그의 육신은 더 이상 세속의 육신이 아니었지만 시간의 바깥에 있으면서 시간에 영향을 주는 그런 육신이었다. 그것이 바로 처음에 몇몇 사람들이 예수를 인식하지 못했던 이유이기도 하다.(마가 16:12,

누가 24:15-16, 요한 20:14, 21:4) 비록 그 존재의 초자연적인 면모에도 불구하고 그 증거가 테스트되었고 진실임이 판명되었지만, 육신의 부활은 불가사의한 일이었다.

부활한 예수를 한번 이상 보았던 바울은(비록 누가에 의하면 다마스쿠스로 가는 길에서 예수의 음성만을 들었던 것이지만) 본래의 육신과 부활한 육신의 차이를 이렇게 설명했다.

그러나 "죽은 사람이 어떻게 살아나며, 어떤 몸으로 옵니까?" 하고 묻는 사람이 있을 것입니다. 어리석은 사람이여! 그대가 뿌리는 씨는 죽지 않고서는 살아나지 못합니다.
그리고 그대가 뿌리는 것은 장차 생겨날 몸 그 자체가 아닙니다. 밀이든지 그 밖에 어떤 곡식이든지, 다만 씨앗을 뿌리는 것입니다. 그러나 하나님께서는, 원하시는 대로 그 씨앗에 몸을 주시고, 그 하나하나의 씨앗에 각기 고유한 몸을 주십니다. 모든 살이 똑같은 살은 아닙니다. 사람의 살도 있고, 짐승의 살도 있고, 새의 살도 있고, 물고기의 살도 있습니다. 하늘에 속한 몸도 있고, 땅에 속한 몸도 있습니다. 하늘에 속한 몸들의 영광과 땅에 속한 몸들의 영광이 저마다 다릅니다.
해의 영광이 다르고, 달의 영광이 다르고, 별들의 영광이 다릅니다. 별마다 영광이 다릅니다.

죽은 사람들의 부활도 이와 같습니다. 썩을 것으로 심는데, 썩지 않을 것으로 살아납니다. 비천한 것으로 심는데, 영광스러운 것으로 살아납니다. 약한 것으로 심는데, 강한 것으로 살아납니다. 자연적인 몸으로 심는데 신령한 몸으로 살아납니다. 자연의 몸이 있으면, 신령한 몸도 있습니다.

성경에 "첫 사람 아담은 산 영이 되었다"고 기록한 바와 같이, 마지막 아담은 생명을 주는 영이 되셨습니다. 그러나 신령한 것이 먼저가 아닙니다. 자연에 속한 것이 먼저요, 그 다음이 신령한 것입니다. 첫 사람은 땅에서 났으므로 흙으로 되어 있지만, 둘째 사람은 하늘에서 났습니다. 흙으로 빚은 그 사람과 같이, 흙으로 되어 있는 사람들이 그러하고, 하늘에 속한 그분과 같이, 하늘에 속한 사람들이 그러합니다. 흙으로 빚은 그 사람의 형상을 우리가 입은 것과 같이, 우리는 또한 하늘에 속한 그분의 형상을 입을 것입니다. (고린도전서 15:35-49)

부활한 예수의 육신은 분명 영적인 몸이다. 그러나 세속의 '씨앗'과 연결되어 있어, 예수는 도마에게 자신의 몸을 만질 수 있도록 허락했다. 더욱 놀라운 것은 그가 자신을 보여준 사람들과 — 엠마오로 가던 길손들(누가 24:30)과 해변에 있던 어부 제자들(요한 21:13) — 함께 음식을 먹었다는 사실이다.

그는 왜 더 이상 자양분이 필요 없는 육신에 음식을 공급했던 것일까? 이것은 내세의 근본적인 표상으로 동료들과 나누는 신비로운 교류인 것이다. 사람들은 흔히 죽음 이후의 삶을 어떻게 상상할 수 있느냐며 의아해한다. 예수는 성경의 비유적인 형상을 활용하여, 환대를 베푸는 잔치로서의 내세를 보여주고 있는 것이다.

⁜ 하늘의 잔치

"하나님 나라에서 음식을 먹는 사람은 복이 있습니다."(누가 14:15)

"내 아버지께서 내게 왕권을 주신 것과 같이, 나도 너희에게 왕권을 준다. 그리하여 너희로 하여금 내 나라에 있으면서 내 밥상에서 먹고 마시게 하겠다."(누가 22:29-30)

"내가 너희에게 말한다. 많은 사람이 동과 서에서 와서, 하늘 나라에서 아브라함과 이삭과 야곱과 함께 잔치 자리에 앉을 것이다."(마태 8:11)

큰 잔치는 때때로 모든 가족과 친구들을 한데 묶어주는 결혼잔치
로 여겨진다.(마태 22:1-14, 25:1-13, 레위기 19:9) 그러므로 부활 후에
나타난 예수가 음식을 먹는 것은 체스터턴이 '세상의 마지막 숙소'라
명명했던 곳에 우리들을 위해 준비되어 있을 잔치를 미리 어느 정도
드러내 보여주는 것이라 할 수 있다. 그것 또한 예수가 "내가 진정으
로 너희에게 말한다. 이제부터 내가 하나님의 나라에서 새것을 마실
날까지, 나는 포도나무 열매로 빚은 것을 다시는 마시지 않을 것이
다"(마가 14:25)라고 했던 최후의 만찬의 의미인 것이다. 그는 부활하
는 그 순간부터 하늘나라에 있는 것이다.

우리는 주기도문에서 이와 똑같이, 앞으로 있을 식사를 위해 기도
한다. "앞으로 있을(epiousios) 양식을 오늘도 우리에게 주십니다."[1]
'앞으로 있을'에 해당하는, 거의 사용하지 않는 형용사인 'epiousios'
는 '현존하는' 혹은 '앞으로 닥쳐올'이라는 뜻을 지닌 단어들에서 파생
된 것이다. 그 어원을 '현존하는'으로 이해한 사람들은 그 문장을 즉
시 먹을 수 있는 빵(일용할 양식)으로 해석한다. 하지만 기도문 전체
의 내세론적인 맥락은 예수가 마지막 잔치를 기다리며 포도주를 아
주 조금만 마시겠다고 했던 부분과 일맥상통한다.

그가 했던 많은 말과 행동들은 마지막 잔치를 향하고 있다. 마지
막 잔치의 특징은 궁극의 성취를 예시豫示하는 충만함과 풍부함이다.
이것은 성경에서 언제나, 모세의 지팡이가 닿자 '엄청난 물이 뿜어져

나왔다'거나 '모든 사람들의 목마름을 만족시킬 수 있을 만큼'이라거나, '하늘에서 끊임없이 감로가 뿌려졌다'고 표현되는, 황홀한 초과로 드러나 있다. 그래서 우리는 땅 전체에 젖과 꿀이 흐른다거나(출애굽기 3:8) 젖과 꿀이 흐르는 강(욥기 20:17) 모든 종류의 열매가 열린 나무(에스겔 47:12) 혹은 내 잔이 넘친다는(시편 23:5) 등의 내용을 읽게 되는 것이다.

예수가 현생에 있는 동안 베풀었던 성찬은 단지 현재의 배고픔을 만족시키는 것이 아니라 그가 완전한 성취를 위해 하늘나라를 가져온 것임을 보여주는 것이었다. 가나의 결혼식에서 그는 여섯 개의 커다란 항아리를 가장 훌륭한 포도주로 가득 채웠다. 각각의 항아리는 2~3되를 담을 수 있으며 한 되는 8갤런[2] 정도가 되므로, 한 항아리당 16~24갤런을 담을 수 있어, 모두 96~144갤런이나 되므로 아무리 큰 잔치라해도 모두 다 취하게 하고도 남을 양인 것이다.

바로 그 점이 중요하다. 그는 훨씬 더 심한 목마름을 만족시키기 위해 온 것임을 나타내고 있는 것이다. 우물에서 자신을 위해 물을 떠주는 사마리아 여인을 향해 "이 물을 마시는 사람은 다시 목마를 것이다. 그러나 내가 주는 물을 마시는 사람은, 영원히 목마르지 않을 것이다. 내가 주는 물은 그 사람 속에서, 영생에 이르게 하는 샘물이 될 것이다"(요한 4:14)라고 말하는 것은 바로 그런 의미이다.

마찬가지 방식으로 그가 4천 혹은 5천 명을 먹일 때, 음식은 지나

칠 정도로 풍부하게 넘쳐났다. 처음부터 그는 빵 다섯 조각과 물고기 두 마리로 내세적인 풍족함을 만들어낸다. "빵 부스러기와 물고기 남은 것을 주워 모으니, 열두 광주리에 가득 찼다."(마가 6:44) 빵 네 조각으로 4천 명을 먹이고도 다시 한번 넘쳐나게 했다. "그리하여 사람들이 배불리 먹었고, 남은 부스러기를 주워 모으니, 일곱 광주리에 가득 찼다."(마가 8:9)

4~5천 명에게 음식을 먹이고, 마지막 잔치의 풍족한 이미지와 성찬식을 슬쩍 엿보게 해주는 것을 보면, 최후의 만찬이 내세의 가장 중요한 이미지였다는 것은 분명하다. 그 내세는 바로 예수가 엠마오로 가는 두 길손에게 빵을 떼어 주며 자신을 드러내 보였을 때 증명했던 것이다.(누가 24:30)

이것은 바로 '그가 오실 때까지 그를 기억하도록'(고린도전서 11:25-26) 거듭 반복되어야 하는 식사인 것이다. 애찬(아가페)은 기독교 교회에서 그리스도의 신비한 몸으로 자신들의 하나됨을 표현하는 가정에서의 의식이다.

이러한 잔치의 전승이 풍부함에도 교황 베네딕토 16세는, 라칭거 추기경이었을 당시에, 왜 가톨릭 미사를 식사로 취급하는 것은 가치 없는 일이라고 했던 것일까? 그는 왜 성찬대에서 사제는, 그리스도가 식탁에서 마주 앉았던 것처럼 그의 형제자매들과 마주 보는 것을 허용할 수 없다고 했을까? 그는 왜 사제는 회중으로부터 등을 돌려야만 하고, 오직 하나님과 소통해야만 한다고 말했던 것일까? 그는 왜 이러한 사제의 행동에 다른 사람들이 참여해서는 안 된다고 하며, 사제만이 벌어지는 모든 일들에 대한 책임이 있다고 했던 것일까?

그는 예수가 최후의 만찬에서 식사를 멈추고 자리에서 일어나 자신과 제자들을 분리하는 장벽을 쳐놓고 하나님을 향해 자신은 물론 제자들도 이해하지 못하는 언어(라틴)로 중얼거렸을 것이라고 생각하는 건 아닐까?

교황은 미사를 식사가 아닌 사제가 만든 희생제로 생각했기 때문에 이러한 터무니없는 주장들을 했던 것이다. 그리스도를 마지막 하나 남은 희생 제물이 되는 특별한 사제라고 말하는 히브리서가 그에게는 적용되지 않고 있는 것이다.

교황은 자신의 전임자들과 마찬가지로, 사제직의 모든 번잡한 절차들과 평신도와의 분리, 장소와 사물의 신성화 그리고 정화를 통한 특권을 얻지 못한 '부정한' 삶과는 멀찍이 떨어져, 예수가 부인했던 종교로 돌아가려 하는 것이다.

이러한 것들이 사제들이 아무런 공동체도 없이, 그들의 신성화한 언어들이 '갈보리'[3]의 희생을 반복하는 데 필요한 모든 것이며, 그러한 미사가 더욱 많이 올려지면 더욱 많은 희생제의 만족스러운 성과가 축적되는 것이기 때문에, 개인적인 미사를 드릴 수도 있다는 생각으로 이끌어가는 것이다.

달리 말하자면, 우리들은 최후의 만찬에서 예수가 '그를 기념하기 위해' 했던 일을, 그곳에서 그가 전혀 하지 않았던 행동을 통해 반복하고 있는 것이다.

이 책의 앞머리에서 우리는 '또 다른 그리스도'가 될 수 없다는 것을 강조했다. 그는 신이지만 우리는 아니기 때문이다. 하지만 사제들은 누군가가 또 다른 여러 명의 그리스도가(단 한 번의 희생으로 그렇게 할 수 있었던) 될 수 있는 것처럼 가장하려 시도하고 있다. 이처럼 종교는 여전히 예수를 죽이기 위해 애쓰고 있는 것이다.

우리들은 또 다른 그리스도가 될 수 없다. 우리들은 그저 부활한 그의 신비로운 몸 안에서 그리스도의 지체가 될 수 있을 뿐이다. 그 몸 안에서는 그의 첫번째 제자들이 요구했지만 예수가 받아들이길 거부했던, 그런 종류의 차별들은 전혀 없다.

여러분은 모두 그리스도 예수 안에서, 믿음으로 하나님의 자녀가 되었습니다. 누구든지 그리스도와 연합하여 세례를 받은 사람은, 그리스도로 옷을 입은 사람입니다. 유대 사람이나 그리스 사람이나, 종이나 자유인이나, 남자나 여자나 차별이 없습니다. 그것은 여러분이 그리스도 예수 안에서 다 하나이기 때문입니다.(갈라디아서 3:26-28)

아우구스티누스는 아가페 식사에서 예수가 건넸던 것은 그의 모든 구성원들에게 건넨 것으로, 그들끼리 나누어 먹기 위한 빵이 아니었다는 것을 알고 있었다. 그는 요한의 복음서(6:50)를 인용하며 이렇게 말한다.

"'그러나 하늘로부터 내려오는 빵은 이러하니, 누구든지 그것을 먹으면 죽지 않는다.' 하지만 이러한 말들은 오로지 그 불가사의한 정당성에 적용되는 것이지 보이는 모습에 적용되는 것이 아니다. 외적인 식사가 아닌 내적인 식사, 치아로 씹는 것이 아닌 마음으로 먹는 것을 말하는 것이다."

그리고 〈설교Sermon〉 227장에서 이것을 다시 한번 확고히 한다. "그 상징은 건네졌고, 먹었으며, 사라졌다. 하지만 그리스도의 몸이, 그리스도의 교회가, 그리스도의 지체들이 사라질 수 있을까?"〈설교〉 272장에서 그는 아가페 식사에서 그리스도가 되는 것은 회중이라고 분명하게 말한다.

만약 그리스도의 몸이 무엇인지 알고 싶다면, 사도[바울]가 믿는 자들에게 말하는 것을 들어보십시오. "여러분은 그리스도의 몸이요, 한 사람 한 사람은 그 지체입니다."(고린도전서 12:27) 그렇게 만약 당신들이 그리스도의 몸이며 그의 지체라면, 주님의 제단에 누워 있는 것은 당신의 상징입니다. 당신이 받는 것은 당신 자신의 상징입니다. 당신이 당신의 모습을 향해 '아멘'이라고 한다면, 당신의 말은 바로 그 사실을 확인하는 것입니다. '그리스도의 몸'이라는 말을 듣고 '아멘'이라 대답한다면, 그 '아멘'이 효과를 발휘하도록 하기 위해 당신은 그리스도의 몸이 되어야만 하는 것입니다. 그러면 당신은 왜 빵일까요? 바로 이 상징을 말하고 있는 사도의 말을 다시 들어보십시오. "빵이 하나이므로, 우리가 여럿일지라도 한 몸입니다."(고린도전서 10:17)

식사에서의 음식이 아가페 성찬을 표현하는 가치 없는 방법이라는 생각과는 전혀 다르게, 아우구스티누스는 이러한 불가사의의 의미에 대해 더욱 더 깊게 파고든다.

빵은 여러분들이 어떻게 서로의 연합을 사랑해야만 하는가를 분명하게 보여줍니다. 빵이 한 알의 밀로 만들어질 수 있습니까? 아니면 수많은 밀알이 필요합니까? 하지만 응집하여 빵이 되기 전에는 밀알들은 서로 고립되어 있습니다. 그것들은 함께 가루로 빻아진 다음에 물로 한데 엉켜집니다. 밀알이 가루가 되고 물에 적셔지지 않는다면, 우리가 빵이라고 부르는 새로운 정체성을 갖추기는 어렵습니다.
이와 마찬가지로, 여러분들은 세례의 물을 준비하기 위해 단식과 귀신을 쫓아내는 호된 시련으로 가루가 되어야만 합니다. 그리고 이러한 방법으로 빵이라는 새로운 정체성을 갖추기 위해 물에 적셔져야 합니다. 하지만 빵은 불 속에서 구워져야만 완성될 수 있습니다.

이렇듯, 단식과 귀신 쫓기의 불가사의함이라는 굴욕에 의해 여러분은 가루가 되어 두들겨지는 것입니다. 그리고 난 이후에 세례의 물이 여러분들을 빵으로 만들기 위해 적셔집니다. 하지만 반죽은 불 속에서 구워지기까지는 빵이 되지 않습니다.

그러면 불은 여러분에게 무엇을 의미하는 것일까요? 그것은 (세례의 물에 잠기고 난 후에) 기름을 바르는 것입니다. 불의 연료인 기름은 성령의 불가사의인 것입니다……. 성령은 물 다음의 불로 여러분에게 옵니다. 그리고 나서 여러분은 그리스도의 몸인 빵으로 구워지는 것입니다. 이것이 바로 여러분의 일치가 상징되어 있는 방식입니다.

지금도 예수가 부활 이후에 제자들과 함께 했던 식사의 의미에 주목하는 사람들이 있다. 그런 사람들 중 한 명인 시인 드니즈 레버토브는 자신의 시 '성화상: 지옥의 정복'에서 이렇게 묘사한다.

그는 무덤의 둥근 아치를 따라

지옥 속으로 걸어내려갔다.

그들, 예언자들과

그와 동시대를 살았던 죄 없는 자들과

이곳에서 아무것도 모르는 채,

기다리고 있는 수많은 사람들을 불러 모으기 위해.

그는 이제 끝없는 공허를 끝내려 한다.

그들의 손을 잡아당기기 위해

혼미하여 아무런 의지도 없는 그들을

석관 속에서 끌어내기 위해

허리를 구부린다. 디드마스,[4]

함께 죽음을 맞이했던 그의 육신 위엔

골고다의 먼지가 여전히

말라버린 땀과 뒤엉겨 줄무늬가 되어 있다.

아무도 씻겨주거나 향유를 발라주지도 않았던

그도 여기에 있다.

지옥에서는 진행을 알 수 없으므로 ;

십자가에서 십자가로 건네졌던,

정오의 그 약속은 석양과 새벽의 빛을 압도하고 있다.

이 모든 것들을 그는 순식간에

천국으로 가는 길로 이끌어갈 것이다.

그리하여 그들은 안전하다.

이루어진 그 일은, 인간들은 상상도 못할

힘겨운 노력이 있어야만 했다.

살다가 죽어, 어둠으로부터 정의로운 자들을

구원하기 위해 지옥으로 내려가는 것은,

믿음 없는 세상의 흙과 바위를 헤치고 나아가

차가운 무덤 속으로 돌아가, 눈물에 젖은

숨막히는 수의를 입는 것보다는

덜 고생스러운 일이었다.

그것들을 깨부수어 다시 호흡하고 가슴 뛰게 하고,

다시 세상 속을 활보하게 하고, 다시

하루들과 일주일들로 마감할 수 있도록 하기 위해,

그의 고통스런 상처는 열리고,

육신의 모든 세포들로부터 영혼이 흘러나온다.

그리하여 인간의 눈이 그것을 알아차릴 수만 있다면,

지금 그의 살아 있는 육신이 안에서부터 타 들어가며

집으로 돌아가기를 간절히 바라고 있음을

알아차릴 수 있으리라.

그가 가장 먼저 돌아가야만 한다.

성스러운 인내 속에, 다시 배고픔도 알게 되어,

비천한 친구들에게 물고기와 벌꿀 같은

그의 음식을 나누어 주는 기쁨을 건네기 위해.

이 시가 보여주고 있는 여러 가지 아름다움 중 한 가지는 바로 예수에게는 여전히 음식이 필요하다는 사실을 상기시켜준다는 점이다. 하늘나라로 들어가기 위한 우리들의 시험은 굶주린 예수를 먹이고, 헐벗은 예수에게 옷을 입히며, 추방된 그를 반갑게 맞이하는 것이다. 이것은 초기 기독교 신앙의 '원시적인 공산주의'에서 예수의 실재를 목격했던 공동체가 지니고 있던 따뜻함이었다.

1세기의 50년대에 글을 남겼던 바울은, 30년대에 자신에게 나타났을 때가 부활한 예수의 마지막 출현이었다고 말한다.(고린도전서 15:8) 그것은 출현을 마친 그리스도가 승천했다는 것을 의미한다. 예수는 부활하는 순간부터 아버지와 함께 있었다. 하지만 지금 그는 더이상 부활한 몸을 통해 역사 속에서 활동하지 않는다. 이것의 신학적인 의미는 천사의 해설이라는 형식으로 알려진다. 즉, 천사는 갈릴리의 사람들이 왜 아직도 하늘을 쳐다보고 있는지 묻는다.(사도행전 1:10-11)

예수는 자신의 제자들을 버리지 않았다. 다만 이제는 그 자신이 제자들에게 보내주기로 약속했던 성령(보혜사)을 통해 행동하는 것이다. 바로 그것이 믿음이 강해진 제자들이 당당하게 밖으로 나아가 그리스도 안에서의 삶이라는 좋은 소식을 널리 전하는 성령강림절의 의미인 것이다.

성령이 제자들을 통해 전파될 때, 그들은 하나님과 가장 긴밀하게 소통하는 것이다. 체스터턴이 "하나님이 홀로 있는 것은 좋지 않다"라고 했듯이, 삼위일체는 다양함 속의 합일인 것이다. 성령은 그리스도를 통해 하나님께 소리친다. 그리스도의 신비한 몸에 생생한 활기를 불어넣으며 그 안에서 그의 지체들이 행동하는 것이다. 예수는 우리들 안에서 부활한 것이다. 우리들은 그의 죽음 이후에 그의 생명으로 살며 활동하는 것이다.

부활은 아주 오래 전에, 아주 먼 곳에서 벌어진 그런 일이 아니다. 부활은 지금 이 땅의 모든 곳에서 벌어지고 있다. 그는 여전히 자신을 가두고 좌절시키려 하는 사회구조 속을 파고들고, 관통하고, 둘러보고 있다. 그는 여전히 "남루한 옷을 걸치고 우리들 마음의 뒤편에서, 나무에서 나무로 오가는 인물"인 것이다.

당연하게도 그의 제자인 우리들은 때때로 그를 오해하고, 베드로처럼 그를 부정하고, 유다처럼 그를 배신한다. 당연하게도 그의 이름을 부르는 교회들은 빈번하게 그가 부인했던 종교의 형태로 돌아가려 한다.

하지만 우리들은 그가 "두세 사람이 내 이름으로 모여 있는 자리, 거기에 내가 그들 가운데 있다."(마태 18:20)고 말했음을 알고 있다.

그러한 모임은 모든 기독교 집단에서 생기고 있으며, 그의 제자들 사이에 차별을 반대하신 주님의 명령을 마음에 담고, 그의 이름 속에서 분열과 불화의 악마들을 내쫓으며 눈에 보이지 않는 네트워크를 형성하고 있다.

성령강림절에 불로 주님의 제자들을 어루만진 성령은, 하나님의 삶이라 할 사랑이라는 우주적인 언어로 그들이 모든 문화적 장벽을 뛰어넘을 수 있도록 이끄는 것이다. 그들은 "주 예수를 살리신 분이 예수와 함께 우리도 살리시고, 여러분과 함께 자기 앞에 세워 주시리라는 것을 알고"(고린도후서 4:14) 살아가고 있다.

주

1) 일반적으로 '날마다 우리에게 필요한 양식을 내려주십시오'라고 번역되어 있다.

2) 액체의 부피 단위. 영국 갤런은 약 4.4ℓ, 미국 갤런은 약 3.7ℓ이다.

3) 골고다를 뜻하는 라틴어. 예수가 십자가에 달려 처형된 곳인 골고다를 라틴어로 표기함으로써, 자신들만의 언어인 라틴어를 쓰는 사제들을 비꼬는 것이다.

4) 골고다 언덕에서 예수와 함께 십자가형을 받으며 예수를 옹호했던 강도의 가상 이름이다.

너희도 서로 사랑하여라

예수가 진정으로 뜻했던 것은 복음서들 속에 명확하게 펼쳐져 있다는 것이 이 책의 단순한 논쟁점이다. 수많은 교회들과 정치집단이 그를 숭배할 수는 있겠지만, 그는 교회를 세우거나 정치를 옹호하지 않았다. 그러한 사회체제 중 그 어느 것도 그가 '하늘나라'에서 뜻했던 것과는 같지 않다.

하늘나라는 바로 그 자신이며 아버지께 다가서는 통로인 것이다. 그는 부분적으로는 이 땅에서 아버지께 다가설 수 있도록 길을 열었지만, 그 과정은 오로지 역사가 끝날 때 아버지의 품 안에서 완성될 것이다. 사람들은 예수가 지닌 아버지와의 친밀함을 함께 나누는 것으로 하늘나라에 들어갈 수 있다.

그는, 그에게서 생명을 이끌어내려는 가지들이 붙어 있어야만 하는 포도나무이다. 그의 신비한 몸의 일부가 되는 것으로 사람들은 아버지를 경배하며, 가난한 자, 목마른 자, 배고픈 자, 헐벗은 자를 예수처럼 대하는 것으로 제자로서의 중요한 시험을 통과한다.

우리들 중 누가 확고하게 그 포도나무에 달려 있다고 말할 수 있을까? 우리는 그럴 수 없다. 그는 우리에게 충분히 말해주었다. 그는 이 땅의 하늘나라는 잡초들과 함께 자라는 밀과 같아서, 밀을 하나님의 곳간에 거두어 들이는 추수 때가 되어야 분리될 것이라고 했다.(마태 13:24-30) 혹은 체질이 제대로 되지 않아 왕겨와 섞여 있는 밀알이 최종 분리를 기다리고 있는 것과 같다고 했다.(마태 13:30) 혹은 '모든 종류의 물고기'로 가득한 커다란 그물과 같아서 잡은 것들을 끌어올리고 난 후에야 먹을 수 있는 것들을 골라낼 수 있다고 했다.(마태 13:47-48) 이것은 최후의 나라가 잔치가 될 것이라는 또 다른 상징이다.

그 의미는 명확하다. 이 땅에서의 모든 사회 집단들이 지금으로서는 뚜렷하게 구별할 수 없는 하늘나라의 요소들이지만, 그들 중 어떤 집단도 — 어떤 나라, 어떤 교회, 어떤 임의의 조직이든 — 하늘나라와 같다고 생각할 수 없다는 것이다. '믿음에 근거한 정치'라거나 혹은 하늘나라를 위해 거짓 종교를 대체한 완벽한 교회라는 주장들은 우상숭배의 한 형태이다.

세상 모든 남녀들에게 부과된 것처럼, 예수를 따르는 자들에게도 모든 개별적인 인간들의 존엄성에 바탕을 둔 정의를 추구해야 한다는 의무가 부과되어 있다. 그것은 정치의 목표이다. 즉, '황제에게 속한 일'인 것이다. 하지만 하늘나라는 더욱 더 깊고도 넓은 것을 요구한다. 즉 정의뿐만이 아니라 사랑을 요구하는 것이다.

성 아우구스티누스는 지성을 인간의 가장 숭고한 능력이라고 찬양했던 플라톤과 아리스토텔레스의 고전적인 이상을 부인하기 위해, 적절한 때에 등장했다. 아우구스티누스는 인간이 지닌 최고의 능력은 사랑, 즉 자기 자신을 비우는 예수의 사랑이라는 것을 알고 있었다. "이제 나는 너희에게 새 계명을 준다. 서로 사랑하여라. 내가 너희를 사랑한 것과 같이, 너희도 서로 사랑하여라. 너희가 서로 사랑하면, 모든 사람이 그것으로써 너희가 나의 제자인 줄을 알게 될 것이다."(요한 13:34–35)

다음과 같은 글을 쓸 때의 성 바울보다 예수의 뜻을 더 정확하게 알고 있었던 사람은 아무도 없다.

내가 사람의 방언과 천사의 말을 할 수 있을지라도, 내게 사랑이 없으면, 울리는 징이나 요란한 꽹과리가 될 뿐입니다.
내가 예언하는 능력을 가지고 있을지라도, 또 모든 비밀과 모든 지식을 가지고 있을지라도, 또 산을 옮길 만한 모든 믿음을 가지고 있을지라도, 사랑이 없으면, 아무것도 아닙니다.

내가 내 모든 소유를 나누어 줄지라도, 내가 자랑 삼아 내 몸을 넘겨줄지라도, 사랑이 없으면, 내게는 아무런 이로움이 없습니다.

사랑은 오래 참고, 친절합니다.

사랑은 시기하지 않으며, 뽐내지 않으며, 교만하지 않습니다.

사랑은 무례하지 않으며, 자기의 이익을 구하지 않으며, 성을 내지 않으며, 원한을 품지 않습니다.

사랑은 불의를 기뻐하지 않으며, 진리와 함께 기뻐합니다.

사랑은 모든 것을 덮어주며, 모든 것을 믿으며, 모든 것을 바라며, 모든 것을 견딥니다.

사랑은 없어지지 않습니다.

그러나 예언도 사라지고, 방언도 그치고, 지식도 사라집니다.

우리는 부분적으로 알고, 부분적으로 예언합니다.

그러나 온전한 것이 올 때에는, 부분적인 것은 사라집니다.

내가 어릴 때에는, 말하는 것이 어린 아이와 같고, 깨닫는 것이 어린 아이와 같고, 생각하는 것이 어린 아이와 같았습니다.

그러나 내가 어른이 되어서는, 어린 아이의 일을 버렸습니다.

지금은 우리가 거울로 영상을 보듯이 희미하게 보지마는, 그때에는 얼굴과 얼굴을 마주하여 볼 것입니다.

지금은 내가 부분밖에 알지 못하지마는, 그때에는 하나님께서 나를 아신 것과 같이, 내가 온전히 알게 될 것입니다.

그러므로 믿음, 소망, 사랑, 이 세 가지는 항상 있을 것인데, 그 가운데서 으뜸은 사랑입니다. (고린도전서 13:1-13)

예수는 그렇게 말하지 않았다

초판 발행 2007년 5월 15일
개정 1쇄 2012년 10월 8일

지은이 | 게리 윌스
옮긴이 | 권혁

발행인 | 권오현 부사장 | 임춘실
기획 | 이헌석 편집 | 이하나 디자인 | 안수진
마케팅 | 김영훈 · 강동근

펴낸곳 | 돋을새김
주소 | 서울시 종로구 이화동 27-2 부광빌딩 402호
전화 | 02-745-1854~5 팩스 | 02-745-1856
홈페이지 | http://blog.naver.com/doduls 전자우편 | doduls@naver.com
등록 | 1997.12.15. 제1-2262호
인쇄 | 금강인쇄(주)(02-852-1051)
용지 | 신승지류유통(주)(02-2270-4900)

ISBN 978-89-6167-097-5 (03230)
Korean Translation Copyright ⓒ 2007, 2012, 권혁

값 12,000원

*잘못된 책은 구입하신 서점에서 바꿔드립니다.